Von Hütte zu Hütte

Bergtouren in den Allgäuer und Lechtaler Alpen

Impressum

Herausgeber: Klaus Schlösser
sl-Verlag
Höfatsweg 4 A
D-87477 Sulzberg/Oberallgäu
www.sl-Verlag.de

Titelbild: Auf dem Weg zur Mindelheimer Hütte,
Foto Josef Schafnitzel (DAV-Sektion Mindelheim)

Fotos: Andreas Tauser, Udo Zehetleitner, Ludwig Ess, Franz Hieble, Gerhard Oswald, Walter Rudolph und Klaus Schlösser

Die Panoramakarte in der Mitte wurde freundlicherweise zur Verfügung gestellt vom Tourismusverband Allgäu/Bayerisch-Schwaben

Grafik und Gestaltung: Volker Koneberg, Irsee

Druck: AZ Druck und Datentechnik, Kempten

ISBN 3-9806935-9-7

Inhalt

Editorial

Viele Bergfreunde haben bei der Wahl ihres Tourenziels einen Hang zu Bewährtem. Gipfelbücher sind Zeuge. Auf dem Burgberger Hörnle am Grünten zum Beispiel ist nachzulesen, dass manche Einheimische offenbar darum wetteifern, wer am häufigsten am Gipfel stand. Mancher Stammgast der Kemptner Hütte unternimmt nur einmal im Jahr eine Bergtour, und dann eben zur Kemptner Hütte.

Mit einer Tour, mit einem Weg vertraut zu sein, verleiht ein Gefühl der Sicherheit und die Zuversicht: „Das schaffe ich schon." Eine neue Route zu einem bislang unbekannten Ziel geht man am liebsten mit einem guten Freund, der sich auskennt, mit einer Gruppe oder mit einem Bergführer.

Der Wanderführer „Von Hütte zu Hütte", den Sie gerade in Händen halten, soll einerseits diese Scheu vor unbekannten Zielen nehmen. Andererseits möchten wir mit den 19 beschriebenen Bergtouren diejenigen unter den Wanderern inspirieren, denen beim Blick in die Karte nicht gleich eine attraktive Tour ins Auge springt.

Bei der Auswahl der 19 Routen hat sich der Verlag von zwei erfahrenen Oberallgäuer Bergführern beraten lassen. Udo Zehetleitner, Leiter der Bergschule Oberallgäu in Burgberg, ist seit über 40 Jahren Bergführer und kennt die Alpen wie seine Westentasche. Andreas Tauser, Mitinhaber der Alpin Schule Oberstdorf, ist nicht nur Bergführer, sondern auch Einsatzleiter der Oberstdorfer Bergwacht. Die in diesem Führer gewählten Qualifizierungen, ob ein Weg leicht oder eine Kletterpassage anspruchsvoll sind, stützt sich vor allem auf sein Beurteilungsvermögen.

Die 19 Tourenvorschläge sind in drei Kapitel unterteilt. Bei den ersten fünf handelt es sich um leichte Bergwanderungen, die man auch Familien mit größeren Kindern empfehlen könnte. Alle Routen sind relativ früh schneefrei. Einheimische sprechen deshalb auch von Touren zum „Eingehen", zum Warmlaufen. Die Vorschläge im Kapitel 2 zählen schon zu den anspruchsvollen Unternehmungen. Damit sind vor allem die beiden Klettersteige gemeint. Bei der Besteigung des Großen Krottenkopfes, dem höchsten

Gipfel im Gebirgszug der Allgäuer Alpen, und des Hochvogels gibt es keine Schwierigkeit, die von geübten Bergwanderern ein Anseilen verlangen würde. Allenfalls ist auf ganz kurzen Abschnitten eine Fortbewegung „auf allen Vieren" notwendig.

Mit viel Erfahrung und dem Sinn für die Naturschönheiten in den Allgäuer und Lechtaler Alpen wurden die mehrtägigen Bergtouren in Kapitel 3 ausgetüftelt, wenn man davon absieht, dass der Heilbronner Weg alles andere als ein „Geheimtipp" ist. Aber zu den schönsten Hochtouren in den nördlichen Alpen zählt er allemal.

Zu jedem einzelnen Vorschlag gehört eine allgemeine Beschreibung, ein Info-Teil mit Wegzeiten und Höhenangaben, eine Wegbeschreibung, ein Hütten-Portrait, ein Höhenprofil und eine Skizze, die Übersicht und Orientierung vermitteln soll, aber die Verwendung einer normalen Wanderkarte nicht ersetzen kann. Die Höhenprofile sind nicht metergenau, sondern nur eine schematische Darstellung des Streckenverlaufs. Mit all diesen Angaben kann man jede einzelne Tour planen und einschätzen. Die angegebenen Wegzeiten stützen sich übrigens auf die Erfahrungen der Bergführer und die Angaben der Hüttenwirte in dem betreffenden Bereich.

Für ein unbeschwertes Bergerlebnis haben wir vor den Tourenvorschlägen noch einige Erfahrungen zum Thema Sicherheit und Wetter niedergelegt. Den Abschluss bilden Hinweise zur Ausrüstung und eine Ausrüstungsliste für mehrtägige Bergtouren. Auf der Übersichtskarte auf der Umschlagrückseite sind die Kapitelzahlen vermerkt, um die Wege räumlich einordnen zu können. Bei allen 19 Touren wünschen wir Ihnen viel Vergnügen.

PS: Im Kleinwalsertal sind die Telefonanschlüsse ab 1. Juli 2003 nur noch mit der österreichischen Vorwahl (+43/5517) erreichbar. Die deutsche Vorwahl für das Kleinwalsertal (08329) gilt nicht mehr. Die einzelnen Rufnummern der Teilnehmer bleiben unverändert.

Klaus Schlösser

Zur Sicherheit

Die in diesem Führer beschriebenen Touren führen oft über Grate und aussichtsreiche Gipfel. Allerdings ist es auch eine Gratwanderung, in diesem Kapitel auf alpine Gefahren und auf die Sicherheit einzugehen. Einerseits sind mit Ausnahme der Klettersteige, der Lechtaler Höhenwege und des Heilbronner Weges die meisten Touren bei guten Verhältnissen eher unproblematische Bergwanderungen, deren Schwierigkeit allenfalls in der persönlichen körperlichen Verfassung liegt. Andererseits ist der Mensch im Gebirge der Natur oft hilflos ausgeliefert, vor allem bei schlechtem Wetter. Die folgenden Hinweise auf Risiken und Gefahren sollen beileibe nicht abschrecken, sondern nur zur Vorsicht mahnen. Es ist ein guter Ratschlag, der Natur im Gebirge mit Respekt und auch mit Ehrfurcht zu begegnen.

Die größte Unwägbarkeit in den Bergen ist das Wetter. Selbst wenn über ganz Mitteleuropa eine stabile Hochdruckzone liegt, herrscht in den Alpen ein Mikroklima, das sich urplötzlich mit Hagel, Blitz und Donner bemerkbar machen kann. Aus völlig heiterem Himmel selten, aber bei wechselhaftem Wetter durchaus nicht ungewöhnlich ist Schneefall mitten im Sommer. Zur oft zitierten „alpinen Erfahrung" gehört deshalb vor allem die Einschätzung der lokalen Wetterlage (siehe auch die folgenden Seiten).

Regen einfach aussitzen

Bei schlechtem Wetter sind die Alpen mit besonderer Vorsicht zu genießen. Im extremen Fall wäre sogar zum Abbruch der Tour zu raten oder dazu, den Schlechtwettereinbruch auf einer Hütte auszusitzen. Wo diese Grenze liegt, muss jeder für sich selbst entscheiden. Deutlich überschritten ist sie dann, wenn starker Neuschnee große Orientierungsprobleme und eine erhebliche Lawinengefahr auslöst.

Selbst Regen verändert die Begehbarkeit der Wege im Hochgebirge. Auf breiten, ausgetretenen Pfaden werden die Steine glitschig, die Rutschgefahr steigt. Das mag in einem Stadtpark nicht sonderlich riskant sein, wohl aber im Gebirge. Selbst wenn der Ausrutscher keinen Absturz, sondern nur eine Knöchelverletzung zur Folge hat, bedeutet dies, auf Hilfe angewiesen zu sein, die Bergrettung rufen zu müssen mit all den Konsequenzen, die solch ein Einsatz mit sich bringt. Gewitter sind im Gebirge weitaus gefährlicher als im Flachland. Wer schon einmal an einem Gipfelkreuz gestanden ist und erlebt hat, wie als Folge der Aufladung in der Luft den umstehenden Menschen die Haare senkrecht zu Berge stehen und knistern, der weiß, wie das gemeint ist. Alle Metallgegenstände, ob Sicherungsseile, Ausrüstung oder Gipfelkreuze, ziehen Blitze an. Auch Wasserläufe sollte man meiden und nicht die Nähe von Bäumen suchen. Blitze suchen sich den kürzesten Weg zur Entladung. Deshalb bieten sich Mulden und Überhänge als Schutz an.

Umkehr kann vernünftig sein

Bei starkem Schneefall ist dringend zu raten, auf den eigenen Spuren umzukehren, statt sich in unwegsames Gelände zu verlaufen und einen Absturz zu riskieren. Eine Umkehr ist unter solchen Umständen kein Zeichen von Schwäche, sondern von bergsteigerischer Vernunft.

Um solche kritischen Situationen zu vermeiden, ist es ratsam, den lokalen Wetterbericht zu beachten und den Ratschlägen der Hüttenwirte zu folgen.

Bergschulen

Wer sich eine längere Tour nicht zutraut oder nicht alleine gehen möchte, findet Anschluss bei folgenden Allgäuer Bergschulen:

Alpinschule Oberstdorf
Bachstraße 8, 87561 Oberstdorf,
Tel. +49/8322/5322, Fax 8826

Bergschule Randonée
Kirchplatz 5, 88171 Weiler im Allgäu
Tel. +49/8387/99030, Fax 99031

Altissimo
Westerhofen 2, 87527 Ofterschwang
Tel. +49/8321/87138, Fax 87161

VIPS Berg Sport Abenteuer
Birkentalweg 20, 87600 Kaufb.-Hirschzell
Tel. +49/8341/82388, Fax 100461

Bergerlebnis Toni Freudig
Mühlenbichlweg 5, 87459 Pfronten
Tel. und Fax +49/8363/5364

Bergschule Oberallgäu
Edelweißstraße 5, 87545 Burgberg
Tel. +49/8321/4953, Fax 81956

OASE alpin
Am Bahnhofsplatz 5, 87561 Oberstdorf
Tel. +49/8322/7538, Fax 7153

Bergschule Ostallgäu
Weidachstrasse 54, 87629 Füssen
Tel. und Fax +49/8362/6464

Bergschule Kleinwalsertal
Sonnenhalde 6, 87569 Mittelberg
Tel. +43/5517/3086, Fax 65697

Hindelanger Bergführerbüro
Am Bauernmarkt 1, 87539 Hindelang
Tel. +49/8324/953650, Fax 953651

Kleine Wetterkunde

Wie oft hat man sich schon über die falschen Prognosen der Meteorologen im Radio und im Fernsehen geärgert, wie oft schon seine Freizeit deshalb falsch geplant. Wenn die Profis schon so viele Fehler machen, wie soll dann der Laie die Wetterentwicklung in seinem begrenzten Umfeld abschätzen können? Und dennoch: Die Menschen, die im Gebirge leben und wirtschaften, erkundigen sich nach der Großwetterlage und stellen aufgrund ihrer eigenen Beobachtungen eine Prognose, die erstaunlich oft ins Schwarze trifft.

Viele Wetterzeichen sind für jedermann zu erkennen und zu deuten. Das gilt vor allem für unmittelbar bevorstehende Wechsel. Bergwanderer, die dafür ein Auge haben, können Vorsorge treffen und gefahrenträchtige Situationen vermeiden.

In den Allgäuer Alpen kommt das Wetter in der Regel aus Westen, während die Lechtaler Alpen schon nahe an der Wetterscheide, dem Alpenhauptkamm, liegen. Die entscheidenden Einflussgrößen sind der Wind und die Temperaturen. In den seltensten Fällen kommen Gewitter oder Neuschnee aus heiterem Himmel. Meist sind Wolken und eine Änderung des Luftdrucks die Vorboten.

Luftdruck beobachten

Mit einem Höhenmesser lassen sich auch Veränderungen des Luftdrucks feststellen. Viele Bergsteiger sind mit solchen Geräten ausgerüstet. Zur Einstellung wählt man Höhenangaben, wie sie zum Beispiel auf Schildern an einer Hütte abzulesen sind. Zuverlässige Angaben liefert auch die Wanderkarte von markanten Standorten wie etwa einem Gipfel, einem Joch oder Talort. Wird nun der nächste Standort mit einer kontrollierbaren Höhenangabe auf dem Gerät zu niedrig angezeigt, ist der Luftdruck gestiegen. Steigt er schnell um etwa ein bis zwei Millibar pro Stunde, deutet dies auf ein unbeständiges Zwischenhoch hin. Steigt er langsam um 0,25 bis 0,5 Millibar pro Stunde, ist dies ein Zeichen für ein aufkommendes, stabiles Hoch. Wird der Standort zu hoch angezeigt, fällt der Luftdruck. Fällt er schnell um ein bis zwei Millibar pro Stunde, kündigt sich

ein Wettersturz mit Wind und Gewitter an. Fällt er langsam um 0,25 bis 0,5 Millibar pro Stunde, deutet dies auf ein aufkommendes stabiles Tief hin.
Ein wichtiger Indikator ist auch der Wind. Ein plötzlich drehender und kräftiger werdender Wind bedeutet meistens einen rapiden Wetterwechsel. Dabei gilt in aller Regel: Wind aus West bis Nord bringt Feuchtigkeit und Kälte, Wind aus Ost bis Süd bringt Trockenheit und Wärme. Dabei ist zu beachten, dass im Gebirge auch lokale Winde vorherrschen, die von den Temperaturunterschieden zwischen Berg und Tal hervorgerufen werden. Am frühen Vormittag bläst ein Talwind bergauf, am späten Nachmittag ein Bergwind den Hang hinab.

Vorsicht bei raschem Wechsel

Haufen- und Federwolken sind die interessantesten Wetterzeichen. Haufenwolken, die sich vormittags bilden und rasch wieder auflösen, sind Zeichen für eine stabile Schönwetterlage. Haufenwolken, die beständig wachsen und am Oberrand ausfransen, deuten auf einen Wettersturz und ein Gewitter hin. Auch Federwolken, die langsam driften und sich wieder auflösen, zeigen eine stabile Schönwetterlage an. Wenn sie sich zu einer einheitlichen Wolkenschicht verdichten, steht ein Schlechtwettereinbruch bevor. Eine Warmfront zieht auf mit meist längeren Niederschlägen. Federwolken, die zusammen mit Haufenwolken schnell aufziehen, deuten auf eine Kaltfront aus Nordwest mit Niederschlägen und Gewitter hin.

Kapitel 1

Leichte Touren

1 Über den Nagelfluh

Mittag – Steineberg – Stuiben – Immenstadt (Oberallgäu)

Als eine der ersten Bergtouren im Frühsommer eignet sich die Runde Mittag – Steineberg – Stuiben ganz besonders. Vom Illertal aus sieht man südwestlich von Immenstadt die Ausläufer der Nagelfluhkette und erkennt, ob Altschneereste einer Eröffnung der Bergsaison im Wege liegen. Die Tour ist deshalb zum „Eingehen“ besonders empfehlenswert, weil der erste Anstieg mit der Mittag-Sesselbahn bequem, die Route auch für Familien mit größeren Kindern geeignet ist und nur der Anstieg zum Steineberg Schweiß kostet. Zudem bietet die Runde über Mittag, Steineberg und Stuiben ein herrliches Panorama ins Voralpenland, in Richtung Bodensee und in die Allgäuer Alpen. Mit Nagelfluh bezeichnet man übrigens die mit Kieselsteinen „verbackene“ Gesteinsart, aus der dieser Gebirgszug besteht. Im Volksmund sagt man auch „Beton Gottes“.

GESAMTGEHZEIT: knapp 6 Stunden
Mittag – Steineberg: 1,5 Stunden
Steineberg – Alpe Gund: 1,5 Stunden
Stuibengipfel: zusätzlich 45 Minuten
Alpe Gund – Immenstadt: 1,5 Stunden

AUSGANGSPUNKT: Mittag 1451 m

HÖCHSTER PUNKT: Stuibengipfel 1749 m

TYP: Voralpine Lustwanderung

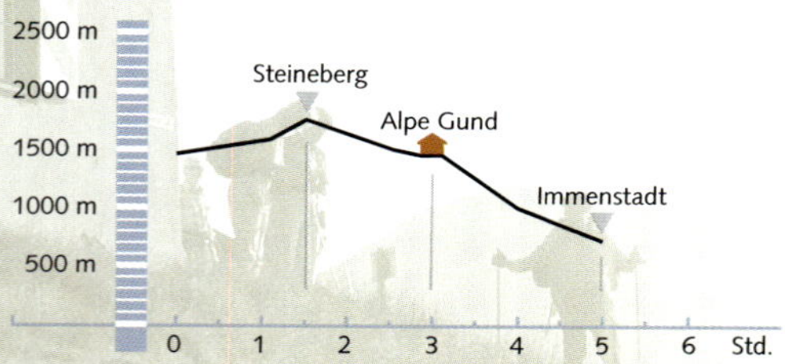

Vom Normalweg am Steineberg führen zwei Varianten zum Gipfel

Die Anfahrt zur Mittag-Seilbahn in Immenstadt ist gut ausgeschildert, der Parkplatz kostenlos. An der Bergstation beginnt der Weg fast eben, ehe der steile Anstieg zum Steineberg die ersten Schweißperlen auf die Stirn treibt. Der Steineberg-Gipfel (1683 m) kann auch links liegen gelassen werden. Er ist über den Normalweg oder über eine 30 Meter hohe Leiter aber problemlos erreichbar. In Richtung Stuiben geht es ein gutes Stück eben bis bergab. Auch der Stuibengipfel (1749 m) ist kein Muss. Über eine Abzweigung unterhalb des Gipfels erreicht man direkt die Alpe Gund. Von dort aus führen ein breiter Fahrweg oder ein schöner Waldweg (rund 90 Minuten Gehzeit) durchs Steigbachtal zurück nach Immenstadt zur Talstation der Mittag-Seilbahn.

MITTAG-SEILBAHN

▶ Bergbahn
Talstation 720 m, in zwei Sektionen zur Bergstation 1451 m. Von April bis November täglich ab 8 Uhr in Betrieb. Fahrpreis Erwachsene 8 Euro (Stand 2004). Mittelstation und Bergstation bewirtschaftet. An der Bergstation starten auch Hängegleiter und Gleitschirmflieger.

▶ Tipp
15 Minuten von der Bergstation entfernt liegt die Sennalpe Oberberg. Viele Kenner nutzen die Gelegenheit, um dort den viel gerühmten Bergkäse einzukaufen.

ALPE GUND (1480 m)

▶ Hütte
Die Familie von Hüttenwirtin Monika Thoma bewirtschaftet die private Alphütte schon seit 1959. Für die Übernachtung stehen zehn Lagerplätze und vier Zimmer mit zwei und drei Betten zur Verfügung. Die Küche ist bodenständig. Auf Bestellung gibt es zum Beispiel auch Kässpatzen.

▶ Öffnungszeiten
Im Sommer ist die Hütte von Anfang Juni bis Ende September täglich geöffnet. Nur donnerstags und sonntags besteht keine Übernachtungsmöglichkeit.

▶ Reservierung
Erreichbar telefonisch unter +49/8323/4921, Fax unter +49/8327/931457, Internet unter www.alpe-gund.de

Auf der Mittagbahn-Bergstation

1

Über den Nagelfluh

2 Rund um die Krinnenspitze

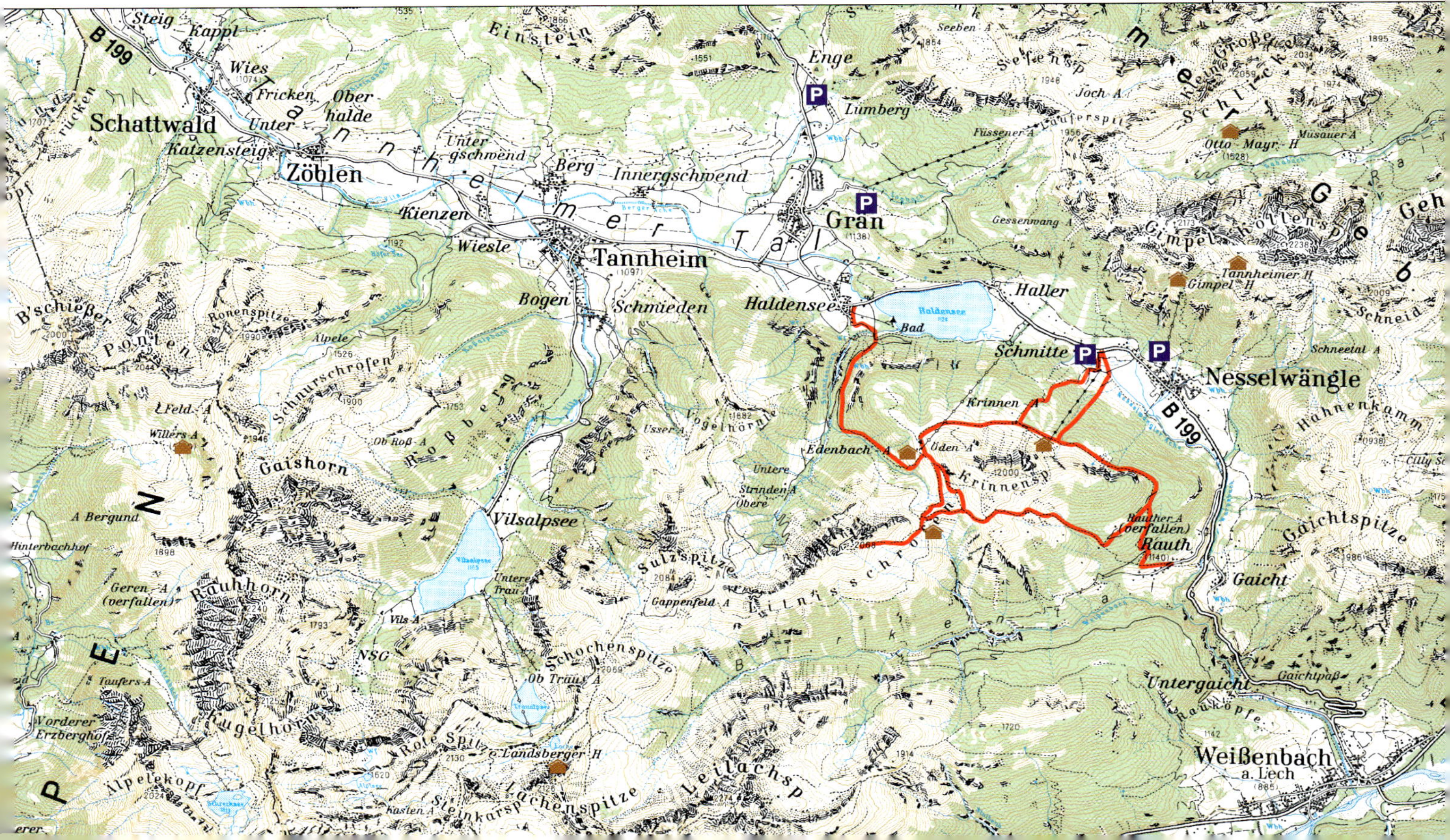

2 Rund um die Krinnenspitze

Nesselwängle – Meraner Steig – Alpenrosenweg (Tannheimer Tal)

Auf einem gemütlichen Wanderweg, der bei Trockenheit auch für Familien mit Kindern zu empfehlen ist, lässt sich die Krinnenspitze im Tannheimer Tal (Tirol) umrunden. Die Tour ist bereits ab Mitte Mai möglich. Zum Aufstieg von Nesselwängle bedient man sich bequemerweise der Doppelsesselbahn Krinnenalpe, die bis zur Krinnenalpe auf 1500 Meter Höhe führt. Der höchste Punkt liegt auf 1800 Meter auf der Südseite und ist deshalb schon früh im Jahr schneefrei. Als Abstecher bieten sich zwei Gipfel an, die Krinnenspitze und der Litnisschrofen. Eine gute Orientierungshilfe bietet ein Prospekt, der an der Talstation der Sesselbahn ausliegt.

GESAMTGEHZEIT: 3 Stunden
Sesselbahn – Meraner Steig – Ödenalpe 2 Stunden
Gräner Ödenalpe – Edenalpe 20 Min.
Edenalpe – Krinnenalpe Sesselbahn 45 Min.

AUSGANGSPUNKT: Bergstation 1500 m

HÖCHSTER PUNKT: Krinnenspitze 2002 m

TYP: Bergkreisel mit 3 x einkehren

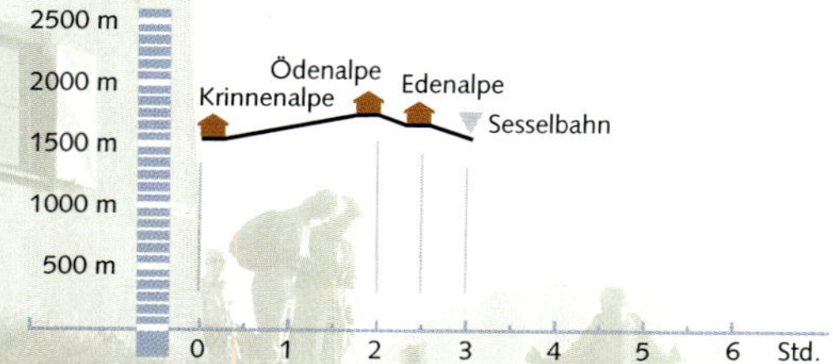

Der Litnisschrofen mit der Edenalpe im Vordergrund

Die Sesselbahn Krinnenalpe in Nesselwängle verkehrt von Christi Himmelfahrt bis Mitte Oktober täglich von 9 bis 16.30 Uhr. Ab der Bergstation führt die Runde im Uhrzeigersinn über den Meraner Steig durch den Plattenwald und über den Enziansteig bis auf 1800 Meter Höhe unterhalb des Gipfels der Krinnenspitze zur Gräner Ödenalpe. Von dort bietet sich konditionell bereits gefestigten Bergwanderern ein Abstecher zum imposanten Litnisschrofen an.

Über die Nesselwängler Edenalpe führt der Alpenrosenweg zurück zur Krinnenalpe. Wer die Sesselbahn meiden möchte, erreicht von Nesselwängle aus über Rauth den Enziansteig in einer Stunde. Vom Haldensee aus dauert der Aufstieg durch das Strindenbachtal drei Stunden bis zur Edenalpe. Die Runde um die Krinnenspitze wird von zwei Steigen durchquert, die als relativ schwierig gelten, aber mit Seilen gesichert sind.

Die Tour rund um die Krinnenspitze lässt sich mit einem Blick in die Karte auf vielfältige Weise variieren.

KRINNENALPE (1530 m)

▶ Hütten

Wirt Martin Rief hält auf der bewirtschafteten Alm für seine Gäste 17 Betten bereit. Die Küche ist ganztags warm.
Telefon +43/5675/8189
Funktelefon +43/676/5559000

▶Wege

Aufstieg über den Fahrweg ab Nesselwängle 1 Stunde, über den Steig 45 Min.

EDENALPE (1671 m)

▶ Hütte

Heidi und Karl Pohler sind die Wirtsleute auf der Alm mit 12 Lagerplätzen. Deftige Hausmannskost, Brotzeiten und selbstgemachte Kuchen. Telefon +43/5675/8143
Funktelefon +43/676/4920184

▶ Wege

Krinnenalpe über Alpenrosenweg 45 Minuten, Aufstieg ab Haldensee 2 Stunden.

GRÄNER ÖDENALPE (1726 m)

▶ Hütte

Wirt Hannes Hofer kann 20 Lagerplätze zur Übernachtung anbieten. Die Küche ist ganztägig warm. Telefon +43/5678/5266
Funktelefon +43/676/5427880

▶ Wege

Krinnenspitze (auf dem Normalweg leicht) gut eine Stunde, zum Litnisschrofen 90 Minuten.

3 Höfats-Runde

Oberstdorf – Gerstruben – Oytal – Oberstdorf

Bei Rundtouren in den Oberstdorfer Bergen bürdet das Modellprojekt „autofreies Oberstdorf“ den Wanderern ein Handicap auf. Weil sich nur drei Parkmöglichkeiten bieten, ist der Weg zurück zum Auto in der Regel mit einem längeren Fußmarsch verbunden (Info zu Parkplätzen in Oberstdorf siehe Kapitel 8 Heilbronner Weg). Die Höfats-Runde umkurvt einen Berg, der in den Allgäuer Alpen einzigartig ist. Die Grashänge ziehen sich bis zu den Gipfeln in 2258 Meter Höhe. Die Edelweiß-Bestände werden den Sommer über von einem Bergwachtposten bewacht. Die Gipfelüberschreitung ist eine schwierige, bei Nässe sogar höchst gefährliche Tour.

GESAMTGEHZEIT: knapp 7 Stunden
Oberstdorf – Dietersbachalpe 2,5 Stunden
Dietersbachalpe – Älpelesattel 1,5 Stunden
Älpelesattel – Käseralpe 30 Minuten
Käseralpe – Oytal-Haus 1 Stunde
Oytal-Haus – Oberstdorf 1 Stunde

AUSGANGSPUNKT: Renksteg 820 m

HÖCHSTER PUNKT: Älpelesattel 1780 m

TYP: Wie Trekking zum Höfats-Basislager

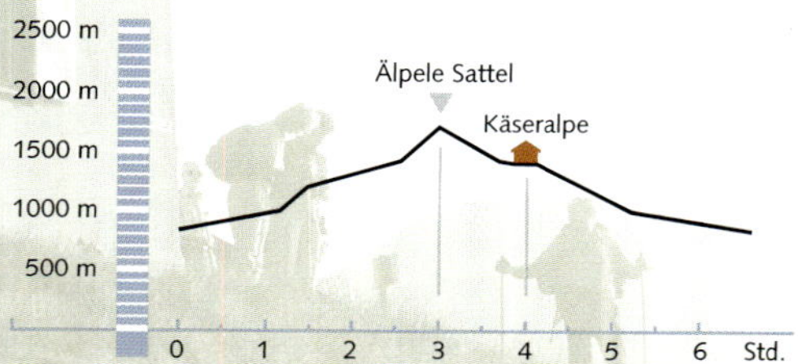

Gerstruben: Historische Bergbauernhäuser mit Blick zur Höfats

Praktischerweise geht man die Runde entgegen dem Uhrzeigersinn. Ausgangspunkte sind entweder das Trettachufer bei der Nebelhornbahn in Oberstdorf oder der Parkplatz Renksteg am Südrand des Ortes an der Straße zur Fellhornbahn. Nach Gerstruben, einer denkmalgeschützten Bergbauernsiedlung, führt eine asphaltierte, für den allgemeinen Verkehr gesperrte Straße. Schöner ist der Fußweg durch den imposanten Hölltobel mit seinem Wasserfall. An der aufgelassenen Gerstruber Alpe vorbei steigt der Weg kaum an bis zur Dietersbachalpe. Von dort allerdings geht es in steilen Serpentinen hinauf zum Älpelesattel auf 1780 Meter Höhe. Der Aufstieg von hier zum Höfatsgipfel ist nur bei sicheren Verhältnissen und vor allem nur guten Alpinisten zu empfehlen. Auf der Runde geht es vom Älpelesattel hinab zur Käseralpe. Von hier führt wieder ein breiter Fahrweg hinab ins Oytal. Vom Gasthaus Oytalhaus aus verkehren Pferdestellwagen nach Oberstdorf – eine oft willkommene Alternative zu einem langen Fußmarsch ins Dorf, wo der Weg in der Nähe der Nebelhornbahn endet.

DIETERSBACHALPE (1325 m)

▶ Hütte

Die Wirtsleute Vefi und Thomas Bickel bewirtschaften die Alphütte bereits seit 1985. Im Jahre 1997 wurde die alte Hütte durch einen Neubau ersetzt, der das Wirtschaften erleichtert. Die Küche bietet nur Brotzeiten. Die Alpe ist ein beliebtes Ziel für Mountainbiker. Sie ist von Mitte Mai bis Anfang Oktober geöffnet.

▶ Wege

Der Aufstieg von Oberstdorf-Renksteg nimmt zweieinhalb, vom Dorf aus drei Stunden Zeit in Anspruch.

KÄSERALPE (1401 m)

▶ Hütte

Gitti und Rudl Grolig sind seit rund 30 Jahren Wirte und Bewirtschafter der Käseralpe. Sie kümmern sich um das Vieh und versorgen die Wanderer mit Brotzeiten. Dazu servieren sie Milch aus dem eigenen Stall. Nachtlager gibt es nicht.

▶ Wege

Der Aufstieg durch das Oytal dauert rund drei Stunden, vom Oytal-Haus sind es noch 90 Minuten. Rund eineinhalb Stunden nimmt auch der Weg zwischen Dietersbachalpe und Käseralpe in Anspruch.

3

Höfats-Runde

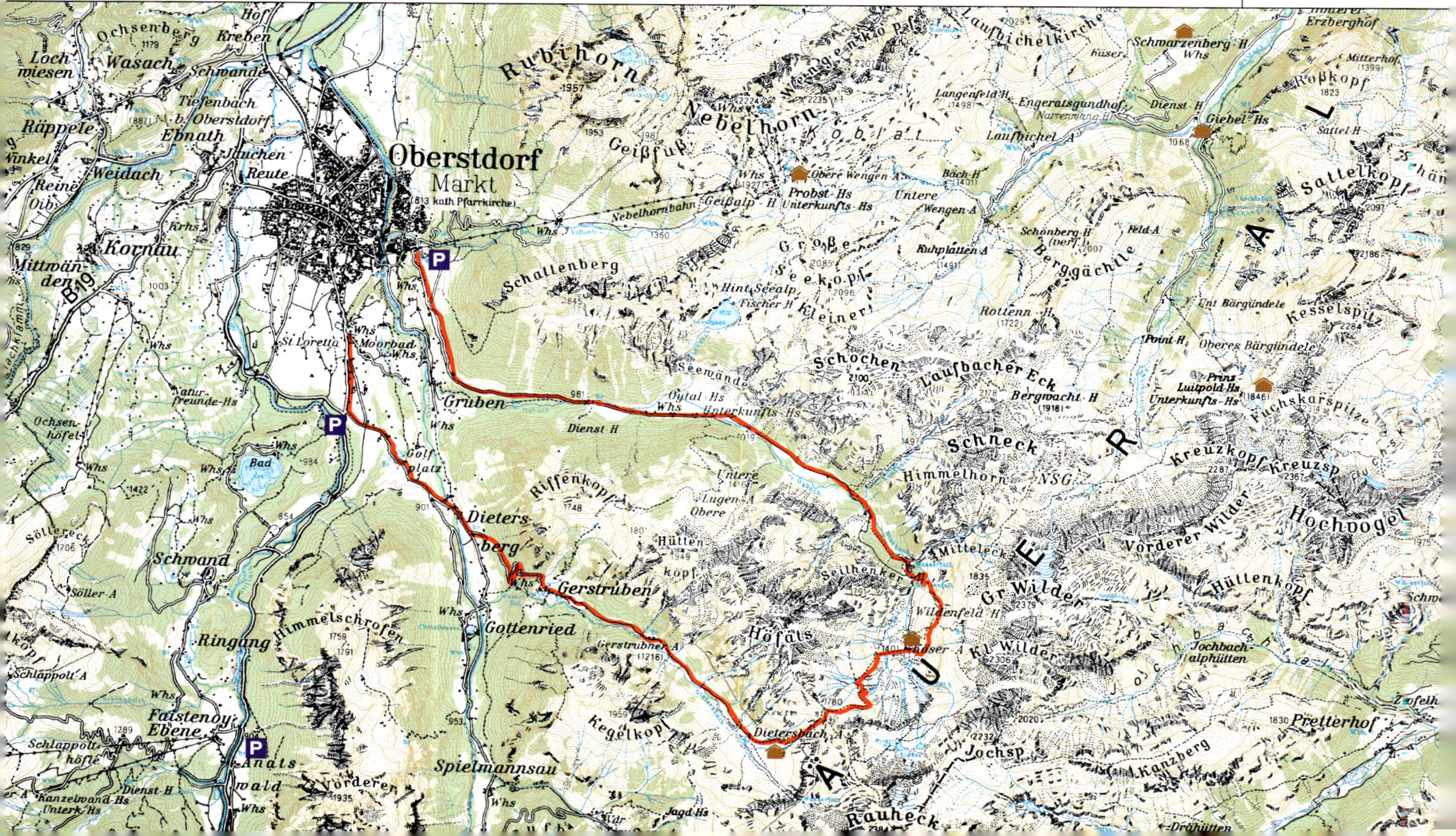

4 Vom Oberjoch nach Hinterstein

4 Vom Oberjoch nach Hinterstein

Iseler – Bschießer – Ponten – Hindelang (Oberallgäu)

Der Weg vom Oberjoch über Iseler, Bschießer und Ponten nach Hinterstein ist nicht die leichteste Eingeh-Tour, obwohl der erste Anstieg zum Iseler mit der Sesselbahn von Oberjoch aus sehr bequem ist. Die Anstiege zu Bschießer und Ponten hingegen sind kein Spaziergang. Ein großer Teil der Strecke liegt auf der Südseite und ist deshalb schon im Frühjahr ohne Behinderungen begehbar.

GESAMTGEHZEIT: gut 7 Stunden
Sechsersesselbahn – Iselergipfel 30 Min.
Iseler – Zipfelsalpe 20 Minuten
Zipfelsalpe – Bschießer 1,5 Stunden
Zipfelsalpe – Ponten -Willersalpe 3,5 Stunden
Willersalpe – Hinterstein 1,5 Stunden

AUSGANGSPUNKT: Iselerbahn 1559 m

HÖCHSTER PUNKT: Ponten 2044 m

TYP: Im Frühjahrs reichts zum Muskelkater

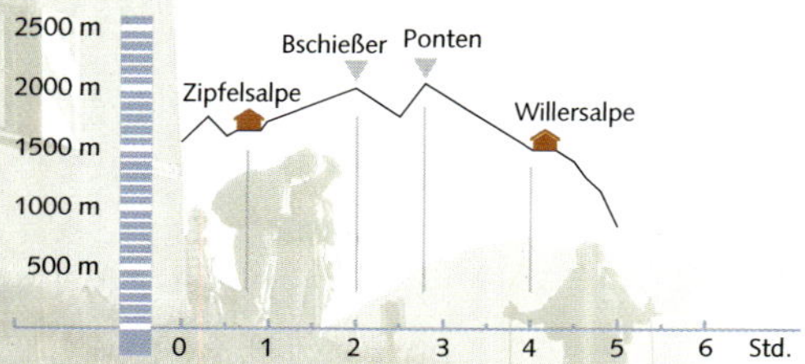

Iseler, Ponten und Gaishorn (von links) vom Imberger Horn aus gesehen

Ausgangspunkt ist der Parkplatz am Busbahnhof in Hindelang, wo Bergwanderer ihr Auto (in der hintersten Reihe kostenlos) abstellen können. Von hier aus fährt der Bus zum Oberjoch. Die neue Sechsersesselbahn zum Iseler verkehrt ab 9 Uhr. Von der Bergstation in 1559 Metern Seehöhe aus führt ein gut markierter Weg durch felsiges Gelände steil zum Gipfel. Beim Abstieg durch Grasflanken erreicht man nach weiteren 20 Minuten die Zipfelsalpe.

Von der Hütte bis zum Bschießer (2000 m) muss man mit 90 Minuten Gehzeit rechnen. Der Weg setzt sich fort über den Stuibensattel auf den Ponten (2044 m). Auf den letzten Metern zum Gipfel nehmen viele Wanderer die Hände zu Hilfe. Das kurze Kletterstück lässt sich allerdings auch gut umgehen.

Auf dem Weg nach Hinterstein mit der Panorama-Variante über Zirleseck liegt die Willersalpe, die nächste „Brotzeit-Station". Im Tal endet der Weg am Gasthof „Grüner Hut", wo auch die Busse halten, die die Bergwanderer mitnehmen zurück nach Hindelang zum Parkplatz am Busbahnhof.

WILLERSALPE (1456 m)

▶ Hütte

Die von der Familie Bertele bewirtschaftete Alphütte verfügt über 30 Lager. Auf der Speisekarte stehen Suppen und Brotzeiten. Der Bergkäse stammt aus eigener Herstellung. Geöffnet ist die Hütte von 1. Mai bis 1. November. Quartierbestellung ist möglich unter der Funktelefonnummer +49/171/9939847.

▶ Wege

Aufstieg ab Hinterstein 90 Minuten, zum Schrecksee sind es rund 4 Stunden, zum Gaishorn zwei Stunden. Wer die Tour in entgegengesetzter Richtung laufen will, benötigt nach Oberjoch über den Ponten, den Bschießer und den Iseler knapp 5 Stunden.

ZIPFELSALPE (1526 m)

▶ Hütte

Die Privathütte der Alpgenossenschaft wird von Marga und Christof Brutscher bewirtschaftet. Nachtlager können sie nicht anbieten, dafür aber Milch und Käse aus eigener Produktion. Die Alpe ist von Pfingsten bis Ende Oktober geöffnet und telefonisch nicht erreichbar.

▶ Wege

Von und bis Hinterstein geht man 1,5 bis zwei Stunden, bis zum Oberjoch sind es zwei Stunden, bis zum Bschießer eine Stunde, zum Ponten 1,5 Stunden und zur Willersalpe insgesamt rund 3,5 Stunden Gehzeit.

5 Auf den Aggenstein

Grän – Bad Kissinger Hütte – Aggenstein (Tannheimer Tal)

Der 1985 Meter hohe Aggenstein ist ein klassisches Ziel für eine Gipfeltour früh im Jahr. Während die Nordseite in Richtung Pfronten als steile Felswand von Kletterrouten durchzogen wird, ist die Südseite oft schon im April schneefrei. Die Bad Kissinger Hütte, die früher Pfrontner Hütte hieß, wird ab Mitte Mai bewirtschaftet. Im Sommer erschließen sich von hier großartige Touren durch die Tannheimer Bergwelt. Der Parkplatz in Grän liegt an der Straße zwischen Pfronten und Tannheimer Tal. Nach zwei Waldstücken am Bach entlang geht es steil nach oben. Die Hütte ist fast immer im Blick.

GESAMTGEHZEIT: 3,5 Stunden
Parkplatz Enge – Bad Kissinger Hütte 1,5 Stunden
Hütte – Aggenstein-Gipfel 30 Minuten
Abstieg 1,5 Stunden

AUSGANGSPUNKT: Parkplatz Enge 1210 m

HÖCHSTER PUNKT: Aggenstein-Gipfel 1985 m

TYP: Leichter Gipfel immer mit dem Ziel vor Augen

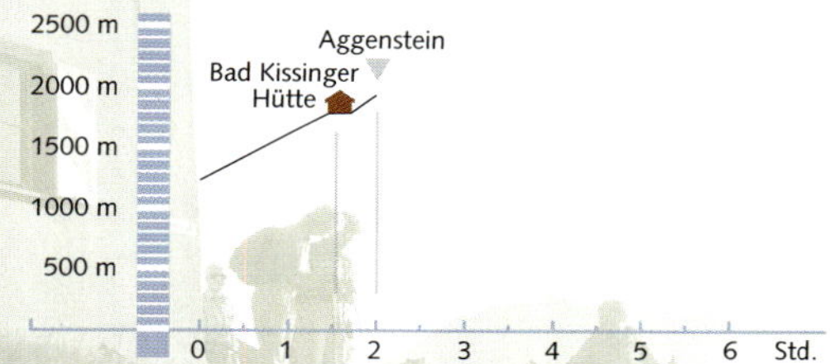

Blick vom Parkplatz im Engetal zum Aggenstein

BAD KISSINGER HÜTTE (1788 m)

▶ Hütte
Hüttenwirtin Andrea Walch hält für ihre Gäste 65 Schlaflager bereit. Aus der Küche gibt es Suppen, Brotzeiten und hausgemachte Kuchen. Geöffnet von Mitte Mai bis Ende Oktober. Hütten-Funktelefon +43/676/3731166.

▶ Wege
Von Grän 90 Minuten Aufstieg zur Hütte, weitere 30 Minuten zum Gipfel. Abstiegsvariante über das Füssener Jöchle 2,5 Stunden nach Grän.

5 Auf den Aggenstein

Kapitel 2

Tagestouren – mittel bis knackig

6 Kemptner Hütte – Gipfeltouren

Oberstdorf – Spielmannsau – Großer Krottenkopf

Die Kemptner Hütte südlich von Oberstdorf ist eine große Kreuzung im Wegenetz der Allgäuer Alpen. Über das Schutzhaus der Alpenvereinssektion Allgäu-Kempten verläuft die Route Oberstdorf-Meran. Hier endet die „Verlängerung" des Heilbronner Weges über den Allgäuer Hauptkamm. Und von der Kemptner Hütte aus setzt sich die Allgäu-Durchquerung in Richtung Oytal und Prinz-Luitpold-Haus über Kreuzeck und Rauheck fort. Die Kemptner Hütte ist allerdings auch ein Stützpunkt für Gipfeltouren.

GESAMTGEHZEIT: Hütte 5,5 Stunden
Oberstdorf – Spielmannsau 1,5 Stunden
Spielmannsau – Kemptner Hütte 2,5 Stunden
Kemptner Hütte – Großer Krottenkopf 3 Stunden

AUSGANGSPUNKT: Oberstdorf 820 m

HÖCHSTER PUNKT: Großer Krottenkopf 2656 m

TYP: Bergsteigen für Einsteiger

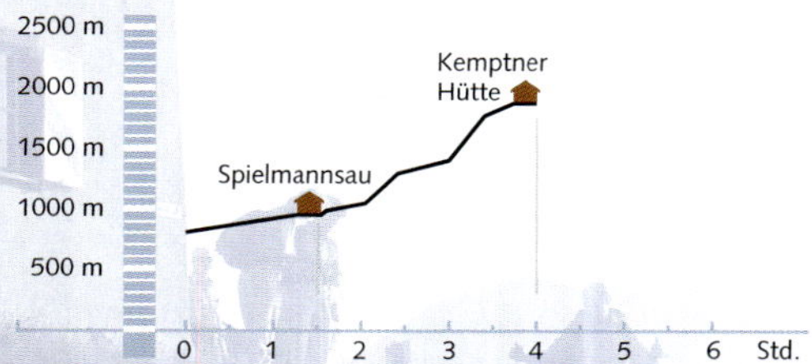

Die Kemptner Hütte mit dem Kratzer vom Fürschießer aus gesehen

Der Fußweg zur Kemptner Hütte beginnt in Oberstdorf an der Talstation der Nebelhornbahn. Ein paar Meter weiter südlich führt die Mühlenbrücke über die Trettach. Am Ostufer entlang verläuft der landschaftlich reizvolle Weg zur Spielsmannsau. Diesen acht Kilometer langen Anmarsch kann man sich auch ersparen. Denn auf dem Fahrweg, der für den öffentlichen Verkehr gesperrt ist, verkehren Taxis mit Sondergenehmigung. Außerdem kann man sich von den Wirtsleuten im Gasthof Spielmannsau mit einem Kleinbus abholen lassen.

Die Spielmannsau im Trettachtal liegt auf rund 1000 Meter Seehöhe. Bis zur Materialseilbahn der Kemptner Hütte sind es noch ein paar hundert Meter an der Alpe Oberau vorbei. Dann steigt der Weg an zum so genannten Knie. Unterwegs erinnert ein Wegkreuz daran, dass dieser Pfad seit 350 Jahren von Pilgern aus Oberstdorf und dem Lechtal benutzt wird.

Am „Knie“ öffnet sich der Sperrbachtobel, der bis in den Sommer hinein mit Lawinenresten und Altschneefeldern durchsetzt und deshalb nicht immer einfach zu begehen ist. An der Flanke des Fürschießers entlang steigt der Weg weiter an, bis in Richtung zwei Uhr die Kemptner Hütte sichtbar wird.

Nicht nur der Große Krottenkopf, auch der Muttler (Foto) ist ein überaus lohnendes Ziel für eine Tour von der Kemptner Hütte aus

Die Kemptner Hütte liegt am Schnittpunkt mehrerer Routen durch die Allgäuer Alpen

▶ Hütte

Das Schutzhaus der Alpenvereinssektion Kempten-Allgäu ist eine Bergsteiger-Unterkunft der Kategorie 1. Es ist mit 190 Lagern und 100 Betten die zweitgrößte Hütte in den Allgäuer Alpen.
Nach rund 30 Jahren haben Elvi und Ernst Wagner zur Jahrtausendwende die Bewirtschaftung in jüngere Hände übergeben, nämlich an ihre Tochter Gabi und den Schwiegersohn Martin Braxmair. Aber Elvi Wagner steht immer noch gern in der Küche, und „Ernstl" unterhält wie eh und je die Gäste. Die Küche ist von 12 bis 19.30 Uhr in Betrieb.
Die Hütte ist geöffnet von Mitte Juni bis Mitte Oktober. Quartiere können reserviert werden schriftlich unter Kemptner Hütte, 87561 Oberstdorf, oder unter der Fax-Nummer +49/170/2390857.
Internet: www.kemptner-huette.de

▶ Wege

Von Oberstdorf Ortsmitte bis zur Hütte sollte man rund vier Stunden Zeit einrechnen. Davon lässt sich eine halbe Stunde einsparen, wenn man den Bus bis zum Renksteg nimmt. Von Spielmannsau sind es noch 2,5 Stunden. Weitere Gehzeiten siehe nebenstehenden „Tourentipp".

TOURENTIPP

Als Tagestouren von der Kemptner Hütte aus empfehlen Gabi und Martin Braxmair:

1. Großer Krottenkopf, mit 2656 Metern der höchste Gipfel in den Allgäuer Alpen. Von der Hütte aus geht man rund drei Stunden. Der Weg ist mäßig schwierig. Das Panorama erstreckt sich bis weit nach Österreich, zum Bodensee und in die Schweiz.

2. Mädelegabel (2645 m), einer der ersten erschlossenen Gipfel der Allgäuer Alpen. Drei Stunden Gehzeit zum Gipfel, den Bergsteiger bei der Begehung des Heilbronner Weges noch gerne „mitnehmen".

3. Muttlerkopf (2368 m), leichte Halbtagstour mit knapp zwei Stunden Gehzeit.

Gabi und Martin Braxmair

6 Kemptner Hütte – Gipfeltouren

7 Mindelheimer Klettersteig

Kleinwalsertal – Fiderepaß-Hütte – Mindelheimer Hütte

Der Mindelheimer Klettersteig ist nicht leicht, aber bequem. Das gilt vor allem für den Zustieg. Denn gleichgültig, in welcher Richtung man ihn begeht, man kommt wieder zum Ausgangspunkt im Kleinwalsertal und damit zum Auto zurück. Zudem ist er früh im Jahr begehbar, liegt zwischen zwei Hütten und lässt sich über den Krumbacher Höhenweg auch bequem auf der Südseite umgehen, zum Beispiel von Begleitern, die sich „den Mindelheimer“ nicht zutrauen. Da der Klettersteig über den Kamm der Schafalpenköpfe führt, eröffnen sich immer wieder imposante Ausblicke auf die Allgäuer Alpen und das Alpenvorland.

GESAMTGEHZEIT: 9 Stunden
Kleinwalsertal – Fiderepaß-Hütte 2,5 Stunden
Fiderepaß-Hütte – Mindelheimer Hütte 4 Stunden
Mindelheimer Hütte - Kleinwalsertal 2,5 Stunden

AUSGANGSPUNKT: Bödmen 1250 m

HÖCHSTER PUNKT: Schafalpenköpfe 2300 m

TYP: Anspruchsvoll, aber nicht übermäßig schwer

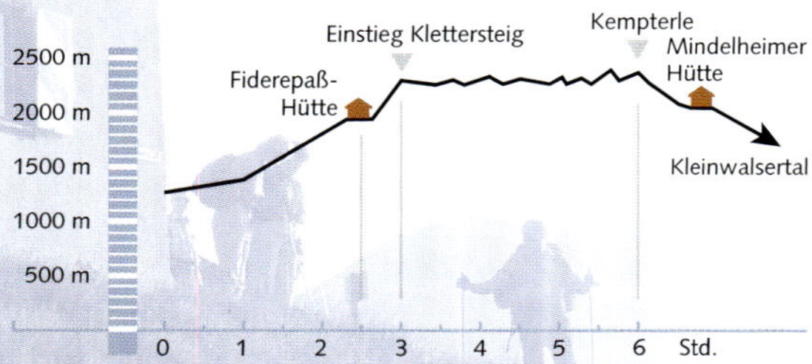

Die Fiderepaß-Hütte vom Klettersteig aus gesehen

Der Mindelheimer Klettersteig macht schon Spaß, bevor er losgeht. Von der Terrasse der Fiderepaß-Hütte aus sieht man nämlich weit droben in der Silhouette der Schafalpenköpfe manch verzagten Bergsteiger auf allen Vieren über die Leiterbrücke krabbeln, die – von schwindelerregenden Tiefblicken begleitet – zwei Felszacken am Nördlichen Schafalpenkopf verbindet. Nach diesem optischen Erlebnis hat sich bereits auf der Hütte manche Gruppe aufgeteilt: Die Beherzten über den Klettersteig, die Bedächtigen über den Krumbacher Höhenweg, der auf der Südseite als bequemer Pfad parallel zum Steig zur Mindelheimer Hütte führt.

„Qualifikationshürde" beim Einstieg

Von der Fiderepaß-Hütte (2065 m) aus ist der Einstieg zum Klettersteig am Nördlichen Schafalpenkopf in einer halben Stunde erreichbar. Die Alpenvereinssektion Mindelheim als Erbauer dieser hochalpinen Hüttenverbindung hat den Einstieg mit Bedacht ziemlich anspruchsvoll gestaltet, um eine „Qualifikations-Hürde" zu setzen. Die Umkehr zum Krumbacher Höhenweg ist beileibe keine Schande, sondern ein Zeichen von bergsteigerischer Vernunft.
Den Einstieg geschafft zu haben, heißt längst nicht, bereits mit allen Schwierigkeiten fertig geworden zu sein. Der Klettersteig führt über die starrhalsigen Felsköpfe, die ohne Seilsicherungen, Leitern und Tritteisen selbst für Extrem-Kletterer eine Herausforderung wären, zumal die luftige Höhe absolute Schwindelfreiheit voraussetzt.

Viel Eisen

Die Mindelheimer haben – mit tatkräftiger Unterstützung Lechtaler Experten – in den Jahren 1973 bis 1975 insgesamt 71 Drahtseile von zusammen rund 750 Meter Länge, fünf Seilsicherungen, 184 Tritteisen und 121 U-Bügel im Fels verankert. Ein Gelände, das so viel „Eisen" verlangt, kann nicht einfach sein. Das merkt der eine bei der Bezwingung der fünf Meter langen Leiterbrücke, der andere erst beim Aufstieg zum Mittleren Schafalpenkopf – eine Passage, die gemeinhin als der schwerste und zugleich schönste Teil des Klettersteigs gilt.

Brotzeit auf der Grenze

Egal auf welcher Route man unterwegs ist, von der Fiderepaß-Hütte zur Mindelheimer Hütte oder in entgegengesetzter Richtung: In beiden Fällen ist die Brotzeit-Station am Mittleren Schafalpenkopf (2300 m) schon von weitem sichtbar. Dort steht ein trigonometrischer Punkt, ein Dreibein-Gestell als Fixpunkt für Landvermesser. Genau hier verläuft die Grenze zwischen dem Allgäu und dem Kleinwalsertal. Die erste Hälfte des Mindelheimer Klettersteigs, der auf der Gesamtlänge drei bis vier Stunden reine Gehzeit beansprucht, wird Schweißspuren hinterlassen, so dass wohl jedermann eine Rast willkommen ist. Manche Grenzgänger machen sich den Spaß, in Deutschland in die Wurst zu beißen und die Füße dabei in Österreich baumeln zu lassen.

Auf zwei Seiten Panorama

Die Route verläuft übrigens abwechselnd auf der Nord- und Südseite. Deshalb bietet sich ein immer wieder wechselndes Panorama: Auf der Nordseite das Kleinwalsertal mit Ifen und dem Gottesackerplateau. Auf der Südseite schweift der Blick vom Arlberg über das Lechtal zum Allgäuer Hauptkamm mit dem „Dreigestirn", nämlich Trettachspitze, Mädelegabel und Hochfrottspitze, weiter nach Osten bis zur Höfats und zum Hochvogel.

„Kempterle" kommt von Kamin

Über teilweise schwieriges Schrofengelände führt der Weg weiter zum Südlichen Schafalpenkopf (2273 m). Hier beginnt der Abstieg vom Klettersteig. In einem Felskamin mit Eisenbügeln als Trittstufen erreicht man ein grasiges Hochplateau. Der nunmehr bequeme Weg schlängelt sich zum Kemptner Köpfle, dessen Name mit der Stadt Kempten nichts zu tun hat. Vielmehr leitet sich das Wort „Kempterle", wie der Gipfel früher genannt wurde, von „Kamin" ab.

Tatsächlich hat die Silhouette des Berges von der Mindelheimer Hütte aus eine große Ähnlichkeit mit einem Kamin.

Ausblick auf den nächsten Tag

Von diesem letzten Gipfel des Mindelheimer Klettersteigs aus eröffnet sich der Ausblick ins Wildental, einem Walser Seitental mit den Gipfeln Elfer- und Zwölferkopf. Deren Schatten verrieten den Walser Bauern früherer Generationen die Uhrzeit. Vom Kemptner Köpfle aus erkennt man auch schon mögliche Routen für den nächsten Tag: ein Abstieg über die Kemptner Scharte ins Wildental oder eine Gipfeltour zum Gaishorn, oder über den Schrofenpass mit Abstieg ins Lechtal oder Übergang zur Rappensee-Hütte.
Zunächst jedoch wartet die Mindelheimer Hütte rund 15 Minuten entfernt zur Einkehr oder zur Übernachtung.
Der Mindelheimer Klettersteig ist übrigens der einzige seilgesicherte Höhenweg in den Allgäuer Alpen, bei dem man – egal in welcher Richtung man ihn nun begeht – am Kleinwalsertaler Ausgangspunkt wieder ankommt: nämlich im Wildental.

Leitersteg am Mindelheimer Klettersteig

MINDELHEIMER HÜTTE (2013 m)

▶ Hütte
Die Alpenvereinssektion Mindelheim hat ihre Hütte zu einem Prunkstück ausgebaut. Die Wirtsleute Centa und Jochen Krupinski haben dazu einen Großteil beigetragen. Die Mindelheimer Hütte mit 140 Lagern ist ein DAV-Modellprojekt für Photovoltaik, Solar- und Biokläranlage. Die alte Hütte wurde hervorragend ausgebaut. In der Nähe hat die Sektion einen Klettergarten angelegt. Die Hütte ist geöffnet von Mitte Juni bis Mitte Oktober. Reservierung für Gruppen per Fax an +49/8378/7238.

▶ Wege
Aufstieg vom Kleinwalsertal durchs Wildental 3 Stunden, durchs Gemsteltal 3,5 Stunden, von Oberstdorf über die Fellhornbahn rund 4 Stunden. Zum Kempter Köpfle 30 Minuten, zum Angererkopf 1 Stunde, zum Gaishorn 1,5 Stunden.

FIDEREPASS-HÜTTE (2067 m)

▶ Hütte
Die Hütte gehört der DAV-Sektion Oberstdorf. Die Wirte Dagmar und Hubert Kaufmann können zehn Betten und 120 Lager anbieten. Die Hütte ist von Ende Mai bis 15. Oktober geöffnet und erreichbar unter: Fiderepaß-Hütte, Walserstraße 87, 87569 Mittelberg, Telefon +43/5517/57280, Fax 3157, E-Mail info@fiderepasshuette.de und im Internet unter www.fiderepasshuette.de Funktelefon 0043/664320 3676

▶ Wege
Aufstieg vom Kleinwalsertal durchs Wildental 2,5 Stunden, ab Oberstdorf-Fellhornbahn 3 Stunden, ab Kanzelwandbahn-Bergstation 2,5 Stunden. Gipfel des Schüsser in knapp 1 Stunde.

Für die fachliche Beratung bedankt sich der sl-Verlag bei:

7 Mindelheimer Klettersteig

8 Hindelanger Klettersteig

Oberstdorf – Nebelhorn – Daumen – Hindelang

Der Hindelanger Klettersteig hat Höhen und Tiefen, nicht nur im wörtlichen Sinne. Sein großer Vorteil ist sicherlich, dass der Einstieg mit der Nebelhornbahn mühelos erreichbar ist. Zu den Schwachstellen gehört, dass sein Ende im Hintersteiner Tal liegt und die Verkehrsverbindungen zurück zur Talstation der Nebelhornbahn nicht gerade bequem sind. Auf jeden Fall aber bietet der Hindelanger Klettersteig einen alpinen Hochgenuss mit tollem Panorama in die Alpen und ins Allgäuer Flachland.

GESAMTGEHZEIT: 6 bis 7 Stunden
Nebelhornbahn-Gipfelstation bis zum Großen Daumen 3,5 Stunden
Großer Daumen – Hintersteiner Tal je nach Route 2 bis 4 Stunden

AUSGANGSPUNKT: Nebelhorn 2224 m

HÖCHSTER PUNKT: 2280 m

TYP: Zieht sich hin

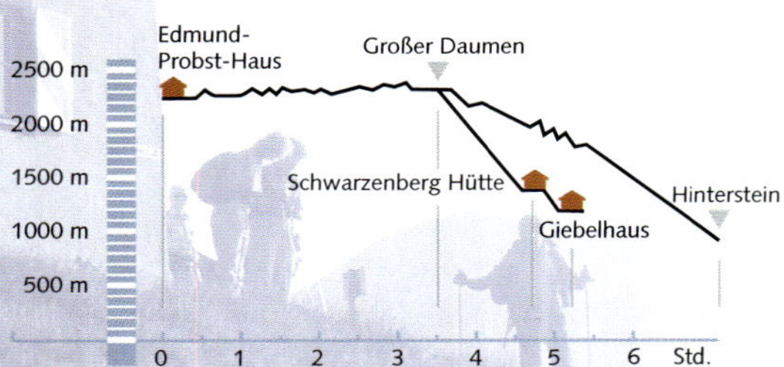

Leitern überbrücken schwierige Passagen am Hindelanger Klettersteig

Der Hindelanger Klettersteig ist der jüngste der drei großen seilgesicherten Steige in den Allgäuer Alpen – und der anspruchsvollste vor dem Mindelheimer Klettersteig und dem Heilbronner Weg. Die Hindelanger Wegmacher-Gruppe der Alpenvereinssektion Allgäu-Immenstadt um Sepp Mannes und Andreas Haberstock konzipierte den Steig als alpin-touristisches Highlight. Allerdings hatte der Naturschutz während der Bauzeit von 1973 bis 1978 schon einen so hohen Stellenwert, dass sich die Hindelanger die Maxime setzten: So wenig Eingriffe in die Landschaft wie irgend möglich.

Erstaunlich sicher

Dabei ist die Sicherheit keineswegs vernachlässigt worden. Wie die Statistik der Bergwacht ausweist, passieren an den drei großen Höhenwegen sehr wenige Unfälle, manchmal kein einziger im Jahr, obwohl die Klettersteige sehr lebhaft frequentiert sind. Beim „Hindelanger" ist dies besonders erstaunlich, weil er kaum eine Qualifikations-Hürde setzt. Im Gegenteil: Weil der Steig bequem mit der Nebelhornbahn erreichbar ist, entfallen mühselige Anstiege. Und auch eine Übernachtung ist eigentlich nicht notwendig, wenn auch empfehlenswert.
Der Hindelanger Klettersteig ist wie eine Medaille mit zwei Seiten. Neben der bequemen Erreichbarkeit ist diesem Weg

Über Leitern und an Seilen über die Grate des Hindelanger Klettersteigs

zweifellos ein grandioses Panorama in allen Richtungen nachzurühmen. Die Aussicht auf Hunderte von Gipfeln zu beiden Seiten der zerklüfteten Grate gehört sicherlich zu der goldglänzenden Seite.

Wenig Steighilfen

Andererseits beschränken sich die Steighilfen auf das Notwendigste, so dass der Klettersteig seinen Namen verdient. Lediglich loses, für Bergsteiger gefährliches Gestein wurde abgeräumt. Zwölf Leitern von insgesamt 110 Meter Länge, 800 Meter Drahtseil und 300 verschiedene Haken beschränken sich auf solche Stellen, die tatsächlich Hilfe verlangen.
Für Hüttenwirte und alpine Beratungsstellen ist es oft schwierig, Urlauber richtig zu beraten, die nachfragen, ob sie sich die eine oder andere Tour zutrauen können. Der Hindelanger Klettersteig gehört zu jenen Routen, die alpine Erfahrung, Trittsicherheit und vor allem auch Schwindelfreiheit erfordern. Die luftigen Passagen und die schmalen Felsgrate in schwindelnder Höhe sind für Gelegenheits-Wanderer nicht geeignet.

Wer am Heilbronner Weg schon Schwierigkeiten hat, sollte den Hindelanger Klettersteig allenfalls am Seil eines Bergführers wagen. Wer allerdings an leichter Kletterei in griffigem Fels Gefallen findet, dem wird der Hindelanger Klettersteig große Freude bereiten, auch wenn er sich diesen Genuss an Schönwettertagen im Hochsommer und im frühen Herbst mit vielen Gleichgesinnten teilen muss.

Um dem Karawanen-Stau an den Schlüsselstellen zu entgehen, empfehlen wir: Nicht erst morgens mit der ersten Bahn zum Nebelhorn hochfahren, sondern bereits am Vortag anreisen und neben der Bergstation auf dem Edmund-Probst-Haus der DAV-Sektion Allgäu-Immenstadt übernachten. Das hat den Vorteil: Man kann schon loslaufen, bevor die erste Gondel ihre „Talmannschaften“ ausspuckt. Nachteil: Der Weg zum Nebelhorngipfel wird zum Fußmarsch, wenn die Bahnen am Koblat noch nicht in Betrieb sind.
Vom Nebelhorngipfel führt ein Pfad in wenigen Minuten zum Einstieg, dann eine erste, luftige Leiter hinauf auf eine markante Spitze. Schon vor dem ersten Gipfel, dem Westlichen Wengenkopf (2235 m), erfordert eine prickelnde Passage einige Kletterfertigkeit im steten Auf und Ab zwischen Felsstufen und Grasbuckeln.

Blick vom Daumen auf den Hindelanger Klettersteig zum Nebelhorn

Am Weg über den Östlichen Wengenkopf bis zum Großen Daumen (2280 m) führen zwei Notabstiege hinab zum Koblat, der Gipfelmulde des Nebelhorns, deren Ausläufer sich über Gras- und Schrofenformationen bis in Richtung Hintersteiner Tal erstrecken. Unterwegs bieten sich atemberaubende Tiefblicke auf kleine, smaragdgrüne Bergseen, die in dem öden Gelände wie Edelsteine in der Sonne funkeln.

Gipfelstation der Nebelhornbahn (links) mit den Wengenköpfen

Abkürzung zum Giebelhaus

Direkt oberhalb des Laufbichelsees weist ein Schild zum Abstieg – entweder zurück zum Edmund-Probst-Haus an der Nebelhorn-Bergstation oder zum Giebelhaus im Hintersteiner Tal. Viele Bergsteiger entschließen sich schon hier, den Klettersteig zu verlassen. Allenfalls nehmen sie noch den unschwierigen Gipfel des Großen Daumens mit, dessen weitläufige Kuppe zur Brotzeit einlädt. Die reine Gehzeit vom Nebelhorn bis zum Großen Daumen wird in Klettersteigführern mit 3 bis 3,5 Stunden angegeben. Auf halber Strecke zum Kleinen Daumen (2197 m) nach rund 30 Minuten kreuzen zwei Abstiege den weiteren Klettersteig. Östlich bergab führt der Weg um den Engeratsgundsee hinab ins Hintersteiner Tal. Auf 1400 Meter Höhe teilt sich der Weg. Links geht es zur Schwarzenberg-Hütte der Alpenvereinssektion Illertissen. Weiter geradeaus gehend erreicht man die Teerstraße, die hinab führt zum Giebelhaus. Von der dortigen Bushaltestelle aus verkehren Busse bis Hinterstein mit Anschluss an den öffentlichen Nahverkehr in Richtung Oberstdorf.

Hohe Gänge zum Breitenberg

Der eigentliche Klettersteig endet freilich nicht am Kleinen Daumen. Im Gegenteil: Als erster Bauabschnitt wurden 1973 die „Hohen Gänge“ durch die Drahtseilsicherugen an einigen Stellen entschärft. Der Weiterweg führt nicht über den Gipfel, sondern beginnt 30 Meter vorher links am Grat mit einer Drahtseilsicherung. Nicht ganz mühelos bis zum Fuß der Westwand des Kleinen Daumens erreicht man eine grüne Mulde mit Namen „Auf der Schneid“. Pfahlmarkierungen weisen zum Verbindungsgrat Breitenberg–Rotspitze. Auch hier gibt es einen Abstieg, und zwar über die Haseneckalpen und das Mitterhaus weiter nach Hindelang-Oberdorf. Nach dem Gipfel des Heubat-Kopfes (2002 m) führt die letzte Etappe des Klettersteigs über die „Hohen Gänge“ (1919 m). Dank Steighilfen und Fixseilen kann die Passage auch Klettersteig-Anfängern empfohlen werden. Vom Breitenberg gibt es zwei Abstiege: Entweder westwärts ins Retterschwanger Tal und weiter nach Hindelang oder über die Älpele-Alpe ins Hintersteiner Tal.
Auf die Verbindung nach Hindelang haben die Erbauer großen Wert gelegt. Der Steig sollte ja „Hindelanger Klettersteig“ heißen.

Auf der mittleren Variante lässt sich der Hindelanger Klettersteig mit einem Abstieg vom Daumen zum Giebelhaus beenden. Noch kürzer ist nur die Rückkehr vom Daumen zum Nebelhorn.Bei der mittleren Variante ist zu bedenken, dass das Giebelhaus keine Übernachtungsmöglichkeit bietet, dafür aber die Schwarzenberg-Hütte, die nach ihrem Umbau zu einem Schmuckstück im Hintersteiner Tal geworden ist (nähere Infos im Kapitel 14).

Im Kapitel 9 auf der übernächsten Seite ist auch ein Tipp über die Verkehrsanbindung ins Hintersteiner Tal und den Linienbusverkehr auf der gesperrten Talstraße zu finden.

Schwarzenberg-Hütte

Giebelhaus im Hintersteiner Tal

PARKPLÄTZE IN OBERSTDORF

Im „autofreien Oberstdorf“ sind am Ortseingang Auffang-Parkplätze mit Pendelbus-Betrieb eingerichtet. Für Touren Richtung Rappenalptal und Einödsbach steht ein Parkplatz nahe der Fellhornbahn zur Verfügung. Um nach Gerstruben und Spielmannsau zu gelangen, kann man am Renksteg südlich des Ortes parken, zu erreichen über die Fellhornbahn-Zufahrt. Ausgangspunkt für das Oytal ist die Schattenberg-Skischanze. Die Parkplätze an Nebelhorn- und Fellhornbahn sind für Kunden reserviert.

Ins Stillachtal fährt ab Bahnhof der Linienbus „Brutscher“ mit Haltestellen am Renksteg und in der Birgsau. Für mehrtägige Touren stehen Dauerparkplätze in der Tiefgarage des Eissportzentrums zur Verfügung. Auskunft erteilen die „Sportstätten Oberstdorf“.
Telefon +49/8322/9150

8 Hindelanger Klettersteig

9 Hochvogel

Hindelang – Hinterstein – Giebelhaus

Die Tour zum Hochvogel ist zeitlich recht aufwändig, weil die Strecke von Hinterstein bis zum Giebelhaus nur zu Fuß, mit dem Bus oder dem Fahrrad zurückzulegen ist. Dafür eignet sie sich für Familien und Gruppen mit unterschiedlicher Kondition. Auf knapp der Hälfte der Strecke liegt das Prinz-Luitpold-Haus, wo die gemütlichen Wanderer eine Pause einlegen können, während die anderen den Gipfel in Angriff nehmen. Der Weg zurück führt wieder an der Hütte vorbei.

GESAMTGEHZEIT: 9 bis 10 Stunden
Hinterstein – Giebelhaus 2 Stunden
Giebelhaus – Prinz-Luitpold-Haus 2 bis 3 Stunden
Prinz-Luitpold-Haus – Hochvogel 2 bis 3 Stunden

AUSGANGSPUNKT: Hinterstein 860 m

HÖCHSTER PUNKT: Hochvogel 2595 m

TYP: Als Tagestour höchst knackig

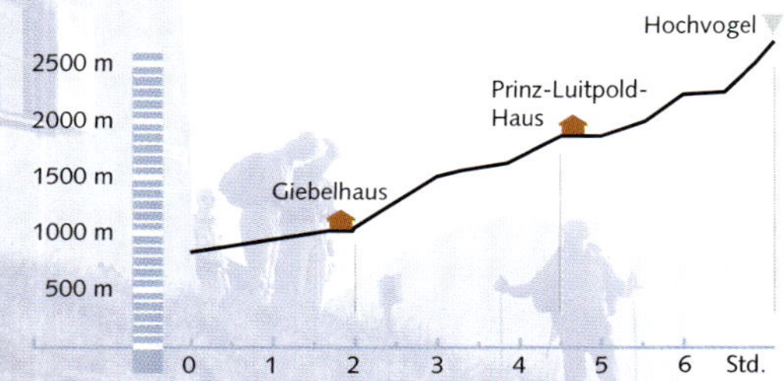

Blick zum Hochvogel mit dem Prinz-Luitpold-Haus im Vordergrund

Vom Giebelhaus aus folgt man der Fahrstraße bis zur Talstation der Materialseilbahn zum Prinz-Luitpold-Haus. An der Station beginnt der Fußweg, der sich alsbald steil ansteigend durch den Wald an einem romantischen Wasserfall vorbei schlängelt und dann über freie Weideflächen verläuft.

Die Hütte ist die meiste Zeit im Blickfeld – für den einen ein „Anker", für den anderen ein Frustobjekt, weil sich der Anstieg länger hinzieht als der Blick vermuten lässt.

Zwei Varianten zum Gipfel

Der Weg von der Hütte zum Hochvogel ist zunächst leicht ansteigend und gabelt sich dann.
Eine anspruchsvollere Variante mit einem kurzen, seilgesicherten Kletterstück verläuft sozusagen „geradeaus" über die Kreuzspitze.
Die längere Route führt über die Balkenscharte und durch den „Kalten Winkel". Der Name wird alsbald verständlich, denn im „Kalten Winkel" liegt die meiste Zeit des Jahres Schnee. Die Altschneefelder können vor allem im Frühsommer gefährlich sein, wenn die Oberfläche noch fest gefroren ist.

Nachdem sich beide Wege wieder vereint haben, beginnt nach einem Felsband der Anstieg zum Gipfel des Hochvogels in Serpentinen durch ein Geröllfeld. Die Flanke, die von weitem so steil aussieht, erweist sich als einfach begehbares Felsgelände bis zum Gipfelkreuz.

„Bäumenheimer Weg" vom Lechtal aus

Der Hochvogel ist übrigens auch eine beliebte Gipfeltour vom Lechtal aus. Der Ausgangsort ist Hinterhornbach. Der Weg durch das Wintertal an der Schwabegg-Alm vorbei gabelt sich auf 1975 Meter Seehöhe. Eine Route führt zunächst nach Westen durch das Kuhkar und über den Fuchsensattel (2039 m) zum Kalten Winkel und von dort zum Gipfel. Die anspruchsvollere und besonders reizvolle Variante ist der „Bäumenheimer Weg" durch die Südwand des Hochvogels direkt zum Gipfel.

PRINZ-LUITPOLD-HAUS (1846 m)

Prinz-Luitpold-Haus mit der Fuchskarspitze im Hintergrund

▶ Hütte
Die Schutzhütte der DAV-Sektion Allgäu-Immenstadt verfügt über 200 Lager und 20 Betten. Judith und Andi Berktold bewirtschaften die Hütte von Ende Mai bis zum zweiten Oktoberwochenende.
Quartierbestellung unter:
Fax +49/721/151305728
E-Mail post@prinz-luitpoldhaus.de
Internet www.prinz-luitpold-haus.de

▶ Wege
Aufstieg vom Giebelhaus in zwei bis drei Stunden. Zum Gipfel des Hochvogels in zwei bis drei, Wiedemerkopf ein bis zwei Stunden, Schneck drei bis vier Stunden.

INFO ZUM THEMA TELEFON

Die Telefonnummern der Hütten sind mit der internationalen Vorwahl angegeben. Das Zeichen + und die nachfolgende zweistellige Zahl ist die Landesvorwahl. Bei der nachfolgenden Regional- oder Funknetz-Vorwahl fehlt die Null.

Das heißt: Wer einen deutschen Anschluss von Deutschland aus erreichen will, wählt die Nummer ohne Ländervorwahl, fügt aber die Null vor der Regional- oder Funknetzvorwahl an. Das gleiche gilt für Telefonate von Österreich aus zu einem Anschluss in Österreich.

Bei einem Auslandsgespräch wird zunächst die Ländervorwahl mit der Null statt dem Zeichen + gewählt und dann die Vorwahl ohne die Null.

Das Zeichen + ist deshalb verwendet worden, weil das Handy beim Telefonieren dann gleich erkennt, ob es sich um ein Inlands- oder ein Auslandsgespräch handelt. Im Grenzgebiet kommt es häufig vor, dass das Handy zwischen dem deutschen und dem österreichischen Netz wechselt. In diesem Fall ist die komplette Nummer mit dem + immer richtig.

TIPPS ZUR ANREISE NACH HINTERSTEIN

Es gibt Parkmöglichkeiten in Hinterstein oberhalb des Gasthofs „Grüner Hut" (gebührenpflichtig), von dort einen Linienbus-Verkehr bis zum Giebelhaus. Erster Bus in Hinterstein ab Ende Mai um 8.15 Uhr, ab 1. Juli um 7.15 Uhr. Rückfahrt vom Giebelhaus ab Ende Mai um kurz nach 17 Uhr, ab Mitte Juni um kurz nach 18 Uhr. Fahrplan-Auskunft: Firma Wimmer & Wechs, Tel. +49/8324/8227 oder 2277.

Zwischen Vilsalpsee (Talort Landsberger Hütte) und Parkplatz Hinterstein „Grüner Hut" (bei einer Ausdehung der Tour über den Jubiläumsweg) keine durchgehende Linie. Fahrplan unregelmäßig, umsteigen erforderlich.

GIEBELHAUS (1065 m)

▶ Hütte
Das Giebelhaus ist eine Gastwirtschaft mit urgemütlichen Räumen innen und einer großen Terrasse. Eine Möglichkeit zur Übernachtung besteht allerdings nicht. Wirt Walter Schmid pflegt die gutbürgerliche Küche. Auf einem Spielplatz neben der Terrasse können sich die Kinder austoben. Das Giebelhaus ist die Unfallmeldestelle im Hintersteiner Tal. Hier endet der Buslinienverkehr. Das Haus ist außer November, Dezember und drei Wochen im April ganzjährig geöffnet. Telefon +49/8324/8146.

▶ Wege
Fußweg ab Hinterstein zwei Stunden.

9 Hochvogel

Reichenbach b. Oberstdorf
Langenwang
Rubi
Gaisalpe
Entschenkopf
Rubihorn
Nebelhorn
Geißfuß
Oberstdorf
Markt
Nebelhornbahn
Schattenberg
Moorbad
Gruben
Dietersberg
Gerstruben
Gottenried
Höfats
Großer Daumen
Kleiner Daumen
Laufbichelkirche
Engeratsgund-A
Schwarzenberg-H
Engeratsgundhof
Giebel Hs
Laufbichel-A
Probst-Hs
Obere Wengen-A
Große Seekopf
Kleiner Seekopf
Schochen
Laufbacher Eck
Bergwacht-H
Schneck
Himmelhorn
Berggächtle
Rottenn-H
Point-H
Unt. Bärgündele
Oberes Bärgündele
Prinz Luitpold Hs
Unterkunfts-Hs
Fuchskarspitze
Kreuzkopf
Kreuzspitze
Hochvogel
Vorderer Wilder
Hüttenkopf
Gr. Wilder
Kl. Wilder
Wildenfeld-H
Jochbach-alphütten
Vorderer Erzberghof
Hinterer Erzberghof
Roßkopf
Sattel-H
Sattelkopf
Schänzlekopf
Kesselspitz
Kugelhorn
Älpelekopf
Lahnerkopf
Kastenkopf
Roßzahn
Klupperkarkopf
Großes Roßkar
Jochumkopf
Roßkarspitze
Schwabegg-H
Bärenbad
Krummenstein
Hinterhornbach
ALLGÄUER ALPEN

Wetterspitze
2895
Schlenkerspitze
2827
Großstein
2632
Ruitelspitze
2580
Tschirgant
2372
Imst
Heiterwand
Gramais
Stockach
Bach
Tarrenz
Öfnerspitze
2368
Elbigenalp
Kreuzkarsp.
2592
Bschlabs
Häselgehr
Urbeleskarsp.
2632
Nassereith
Elmer Muttekopf
2350
Großer Wilder
2379
Höfats
2258
Elmen
Hinter-
hornbach
Hochvogel
2592
Namlos
Schneck
2269
Vorder-
hornbach
Gr. Seekopf
2085
Galtbergspitze
2391
Schwarzhans-
karspitze
2227
Stanzach
Fernpass
Grubigstein
2233
Gartnerwand
2377
Bärgündeletal
Kastenkopf
2129
Berwang
Thaneller
2341
Leilachspitze
2274
Forchach
Alpelekopf
2023
Großer Daumen
2280
Bichlbach
Hochschrutte
2247
Weißenbach
Rieden
Geißhorn
2247
Heiterwang
Heiterwanger See
Tauern
1841
Gaicht
Bruck
Hinterstein
Imberger H
Höfen
Neunerköpfle
1864
Nesselwängle
Iseler
1876
Bad
Oberdorf
822 m
Hindelang
825 m
Plansee
Zwieselberg
1623
Reutte
853 m
Gr. Schlicke
2054
Haldensee
Tannheim
Wannenjoch
1890
Gehrenspitze
2163
Gran
Einstein
1866
Zöblen
Schattwald
Hirschberg
1456
Spieser
1649
Oberjoch
1150 m
Kreuzkopf
1910
Roßberg
1945
Aggenstein
1987
Schönkahler
1688
Säuling
2047
Unterjoch
1013 m
Wertacher Hörnle
1685
Älpeleskopf
1591
Ober-
Pinswang
Breitenberg
1838
Sorgschrofen
1636
Hochplatte
1989
Unter-
824 m
Vils
826 m
Schwarzenberg
1189
Tegelberg
1730
Schloss
Neu-
schwanstein
Schloss
Hohen-
schwangau
Vilser Berg
1023
Zwölferkopf
1283
Falkenstein
1284
Kienberg
1536
Jungholz
1058 m
Bad Faulenbach
Schwangau
796 m
Weißensee
Oberkirch
Pfronten
882 m
Edelsberg
1630
Füssen
808 m
Weißensee
800 m
Musical
Theater
Neuschwanstein
Kappelköpfl
1488
Wertach
915 m
Hennenkopf
1357
Kreuzegg
Weißbach
Eschach
Brunnen
Zell
Kappel

Hochkünzelspitze
2397
Zitterklapfen
2403
Hohes Licht
2651
Biberkopf
2599
Widderstein
2533
Kanisfluh
2044
Hoher Freschen
2004
Warth
Alpgundkopf
2177
Didamskopf
2090
Kanzelwand
2058
Baad
1244 m
Walmendinger Horn
1990
Einödsbach
Fellhorn
2038
Mittelberg
1215 m
Hoher Ifen
2229
Mellau
Birgsau
949
Schlappoldkopf
1968
Hirschegg
1124 m
Faistenoy
904m
Gottesacker
Bizau
Riezlern
1086 m
Kleinwalsertal
Schönenbach
Winterstaude
1877
Triestenkopf
1741
Bezau
Ebnit
Piesenkopf
1630
Andelsbuch
Schwarzenberg
Hochälpele
1464
Oberstdorf
813 m
Kornau
Bödele
Tiefenbach
Besler
1679
Feuerstätterkopf
1645
Sibratsgfäll
Fohren
Hirschsprung
Wannenkopf
1712
Gelbhansekopf
1437
Hittisau
Lingenau
Alberschwende
Rubi
Riedberger Horn
1630
Langenwang
Obermaiselstein
Fischen i. A.
761 m
Langenegg
Reichenbach
Bolsterlanger Horn
1586
Bolsterlang
Balderschwang
1044m
Falken
1561
Hochhädrich
1566
Langen
b. Bregenz
Siplingerkopf
1746
Altstädten
750 m
Hochgrat
1834
Sulzberg
Thal
Ofterschwang
864 m
Ofterschwanger Horn
1406
Rindalphorn
1821
Riefensberg
Scheffau
Sonthofen
743 m
Sigishofen
Stuiben
1749
Burg
Sonthofen
Steineberg
1660
Denneberg
1427
Steibis
Lindenau
Gunzesried
Himmeleck
1487
Mittagberg
1451
Oberreute
Burgberg i.A.
752 m
Blaichach
733 m
Staufner Berg
1032
Scheidegg
803 m
Immenstätter Horn
1489
Thalkirchdorf
Weiler i. A.
632 m
Grünten
1738
Oberstaufen
791 m
Simmerberg
Wiedemannsdorf
Salmaser Höhe
1254
Rieder
Thaler Höhe
1166
Immenstadt i. A.
728 m
Stiefenhofen
806 m
Ruine
Ellhofen
Lindenberg
Rettenberg
806 m
Grosser Alpsee
Atelier Gloggnitzer
Kranzegg
862 m
Missen
854 m
Ochsenberg
1126
Aigis
Ebratshofen
Röthenbach i. A.
Heimenkirch
665 m
Grünenbach
Schwabenberg
1235
Wilhams
Hauchenberg
Lußeck
876
Riedholzerkugel
1066
Vorderburg
Ruine
Vorderburg
Niedersonthofen
Gestratz

Kapitel 3

Anspruchsvolle Bergtouren – 2 bis 4 Tage

10 Heilbronner Weg

Oberstdorf – Allgäuer Hauptkamm – Oberstdorf

Der Heilbronner Weg ist das „Glanzlicht" der Höhenwege in den nördlichen Alpen. Der Name Weg täuscht darüber hinweg, dass es sich um einen hochalpinen Steig handelt, der Trittsicherheit und Schwindelfreiheit erfordert. Den Namen gab ihm die DAV-Sektion Heilbronn, die vor über 100 Jahren die Patenschaft übernahm und den Bau finanzierte. Die Tour ist in zwei Tagen zu schaffen. Mit dem Umweg über die Kemptner Hütte lassen sich aber auch drei Tage erlebnisreich ausfüllen.

Aufstieg zur Rappensee-Hütte

GESAMTGEHZEIT: 12 bis 15 Stunden
Oberstdorf (Fellhornbahn) – Einödsbach 1,5 Stunden
Einödsbach – Enzianhütte 2 Stunden
Enzianhütte – Rappensee-Hütte 1 Stunde
Rappensee-Hütte – Waltenberger-Haus 4 bis 6 Stunden
Rappensee-Hütte – Kemptner Hütte 6 bis 8 Stunden
Waltenberger-Haus – Einödsbach 2 Stunden
Kemptner Hütte – Oberstdorf 3 Stunden

AUSGANGSPUNKT: Fellhornbahn 900 m

HÖCHSTER PUNKT: Bockkarkopf 2609 m

TYP: „Glanzstück" der Allgäuer Alpen

Der Heilbronner Weg ist ein alpiner Höhenweg über den Hauptkamm der Allgäuer Alpen. Nach dem Bau ihrer Schutzhütten Rappensee-Hütte und Kemptner Hütte wollte die DAV-Sektion Allgäu-Kempten im Jahre 1896 einen Steig bauen, der die Lücke zwischen diesen beiden Unterkünften schließt und zwei bereits erschlossene „Glanzlichter" der Allgäuer Alpen, das Hohe Licht (2651 m) und die Mädelegabel (2645 m), miteinander verbindet. Weil aber die Vereinskasse nach dem Hüttenbau völlig erschöpft war, bot sich die Sektion Heilbronn als Sponsor an und durfte dafür dem Weg auch den Namen geben. Noch heute bezahlen die Heilbronner den jährlichen Unterhalt. Nach Plänen des Kemptners Anton Hengeler stellte der Wegmacher Anton Klein aus Oberstdorf-Rubi den hochalpinen Steig zwischen Steinscharte und Bockkar 1899 fertig. Der Heilbronner Weg ist heute einer der meistbegangenen Höhenwege der Alpen.

Gedränge an der Leiter

Wie bei einem Klettersteig sind schwierige Passagen mit Fixseilen und Leitern auch für Bergwanderer begehbar gemacht. Allerdings verlangt die felsige Gipfelpassage unbedingt Trittsicherheit und Schwindelfreiheit. Obwohl in der Hochsaison an Leitern und Schlüsselstellen manchmal dichtes Gedränge herrscht, sollte man sich nicht auf andere

Steinschartenkopf mit dem Hohen Licht (2651 m) im Hintergrund

Leiter am Steinschartenkopf

verlassen, sondern selbst alpine Erfahrung mitbringen. Denn Altschneefelder und ein plötzlicher Wetterumschwung können zu einer Herausforderung werden, die den Ungeübten in Gefahr bringt. Wetterfeste Kleidung und stabile Bergschuhe sind daher Grundvoraussetzung für die Begehung.
Bergfexe bewältigen den Heilbronner Weg als Tagestour. Bergwanderer, denen der Naturgenuss wichtiger ist als die sportliche Leistung, sollten eine oder besser zwei Übernachtungen einplanen. Dazu bieten sich drei Hütten an – je nach Routenwahl.

Unsere Empfehlung:

Mit dem Linienbus von Oberstdorf zur Birgsau. Eine halbe Stunde dauert der Fußmarsch bis Einödsbach. Im Gasthof verschnauft man kurz oder bleibt zur Mittagsrast. Der Aufstieg bis zur Enzian-Hütte dauert rund zwei Stunden. Das ist mehr als die halbe Wegstrecke zur Rappensee-Hütte, die am Spätnachmittag zur Einkehr einlädt.
Möglichst früh am Morgen bricht man von dort auf zum Heilbronner Weg. Beim Anstieg zur Steinscharte – der je nach Altschneelage schwierigsten Passage – zwängt sich der Weg durch das „Heilbronner Törle“, einen Felsspalt unterhalb des Hohen Lichts. Konditionsstarke können diesen 2651 Meter hohen Gipfel mitnehmen, andere lassen ihn rechts liegen und gehen die Steinscharte hinauf, wo der eigentliche, 1899 eingeweihte Weg beginnt. Nach einer Querpassage erreicht man die erste Leiter hinauf zum Steinschartenkopf (2615 m).

Notabstieg Socktalscharte

Immer im Gipfelbereich zieht sich der zum Teil sehr schmale, ausgesetzte, aber mit Drahtseilen gesicherte Steig weiter über den Wilden Mann (2577 m) zum Bockkarkopf (2609 m). Unterwegs bietet sich ein Zwischenabstieg an über die Socktalscharte (2446 m) zum Waltenberger-Haus. Diese Hütte der Sektion Immenstadt hat ihren ursprünglichen Charakter als Bergsteiger-Unterkunft bis heute erhalten. Von hier aus führt der weitere Abstieg zurück nach Einödsbach.

Verlängerung zur Kemptner Hütte

Dem Heilbronner Weg folgend, erreicht man nach dem Bockkarkopf die Bockkarscharte. Hier zweigt der Normalweg ab zum Waltenberger-Haus. Beide Abstiege liegen nordseitig und sind manchmal bis in den Sommer hinein schneebedeckt. Wer auf dem Heilbronner Weg nicht von der Bockkarscharte zum Waltenberger-Haus absteigt, verlängert die Tour und läuft weiter zur Kemptner Hütte. Der Weg wird unschwierig. Es sei denn, man fügt dem Bergerlebnis einen weiteren Höhepunkt hinzu und besteigt

Passage vor dem Abstieg durch die Socktalscharte zum Waltenberger-Haus

die 2645 Meter hohe Mädelegabel. Das Kreuz steht auf dem höchsten deutschen Grenzgipfel in den Allgäuer Alpen. Der Große Krottenkopf ist zwar zwölf Meter höher, steht aber ganz auf österreichischem Boden. Die höchste Erhebung, die von Kopf bis Fuß deutsch ist, heißt Trettachspitze, ähnelt in der Gestalt dem Matterhorn und gehört neben der Mädelegabel und der benachbarten Hochfrottspitze zum sogenannten „Allgäuer Dreigestirn“.

TOURENTIPP

Als Tagestouren von der Rappensee-Hütte aus empfehlen die Hüttenwirte Sylvia Socher und Andreas Greiner:

1. Hochrappenkopf und Rappenseekopf. Von der Hütte in rund einer Stunde über den Ostgrat auf den Rappenseekopf (leichte Kletterei). Von dort Überschreitung des Gipfels über den Westgrat runter in den Sattel und wieder hinauf auf den Hochrappenkopf (ca. 45 Min.). Vom Gipfel zurück in den Sattel und von dort in Serpentinen zurück zur Hütte.

2. Biberkopf, 2599 Meter, südlichster Gipfel Deutschlands. Über den Sattel zwischen den Rappenköpfen und einem Kamm mit kurzem Zwischenabstieg in die Nordflanke zum Westgrat. Dann durch einen seilgesicherten Kamin zum Gipfel (rund drei Stunden).

Sylvia Socher und Andreas Greiner

RAPPENSEE-HÜTTE (2091 m)

▶ Hütte

Schutzhütte der DAV-Sektion Allgäu-Kempten, Alpine Unterkunft Kategorie I. Südlichstes Haus Deutschlands. 300 Lagerplätze und 42 Betten. Wirte seit 2001 sind Sylvia Socher und Andreas Greiner. Zwei Bergseen liegen direkt vor dem Haus. Geöffnet von Mitte Juni bis Mitte Oktober. Reservierung unter Hütten-Fax +49/171/2631250 Postfach 1412 in 87554 Oberstdorf

▶ Wege

Aufstieg ab Oberstdorf-Birgsau (Bushaltestelle) über Einödsbach und Enzianhütte 3,5 bis 5 Stunden. Gipfeltouren: Biberkopf 2,5 Stunden, Hochrappenkopf 1 Stunde, Rappenseekopf 1 Stunde, Hohes Licht 1,5 Stunden.

WALTENBERGER-HAUS (2084 m)

▶ Hütte

Urtümliches Schutzhaus der DAV-Sektion Allgäu-Immenstadt. Alpine Unterkunft der Kategorie I. Wirt Gerhard Böllmann, der Mandi genannt wird, kann zehn Betten und 70 Lager anbieten. Geöffnet vom 15. Juni bis Mitte Oktober. Es ist das einzige große Schutzhaus in den Allgäuer Alpen, das keine Materialbahn hat, sondern mit dem Hubschrauber versorgt wird. Quartierbestellung nur per Post: Waltenberger-Haus, Post Einödsbach, 87561 Oberstdorf.

▶ Wege

Aufstieg ab Einödsbach gut zwei Stunden. Bis zur Mädelegabel 2,5 Stunden.

ENZIAN-HÜTTE (1790 m)

▶ Hütte

Privathütte der Familie Schwegler seit 1930. Ines und Daniel Schwegler verfügen über 110 Schlafplätze in Zimmern und Lagern. Daniel Schwegler hat Koch und Masseur gelernt. Auf der Speisekarte stehen auch Wildspezialitäten und Forellen aus dem hauseigenen Teich. Im Wellness-Bereich mit Sauna und Whirlpool kann man sich massieren lassen. Geöffnet von Juni bis etwa 20. Oktober. Hüttentelefon +49/170/7931655. Internet www.enzianhuette.oberstdorf.de

▶ Wege

Aufstieg ab Einödsbach 2 Stunden, bis zur Rappensee-Hütte 1 Stunde.

TOURENTIPP

Das Waltenberger-Haus empfiehlt sich als Basislager für alpine Klettertouren, meint Hüttenwirt Gerhard „Mandi“ Böllmann:

1. Berg der Guten Hoffnung (2388 m), der „Hausberg“, insgesamt 2,5 Stunden. Auf Steigspuren und mit leichten Kletterpassagen (Schwierigkeit I). Teilweise brüchige Passagen. Trittsicherheit und Bergerfahrung erforderlich. Wenig besuchter Gipfel mit schöner Aussicht.

2. Trettachspitze (2595 m), das „Allgäuer Matterhorn“, insgesamt rund 6 Stunden. Auf nicht markiertem Weg und Steigspuren, reine Kletterpassagen mit Schwierigkeit bis III. Schönste Gratkletterei in den Allgäuer Hochalpen mit herrlicher Aussicht. Weitere Klettertouren an der Trettachspitze in allen Schwierigkeitsgraden bis VII+.

Gerhard Böllmann

10 Heilbronner Weg

11 Hörner-Runde

Immenstadt – Mittag – Staufner Haus – Grasgehren – Gunzesried

Die hier beschriebene „Hörner Runde" ist ein Geheimtipp der Bergführer, die bei der Gestaltung dieses Buches mitgewirkt haben. Sie ist speziell gedacht für Bergwanderer, die ausgesetzte Wegstücke und Kletterstellen meiden wollen. Die Route führt bis zum Hochgrat über die Nagelfluh-Kette und setzt auf dieser Etappe bereits Kondition voraus. Das übrige Teilstück wird sehr wenig begangen, obwohl die Wanderung durch die Hörnergruppe auch den typischen Reiz der Allgäuer Berge vermittelt. Die touristisch erschlossene Grasgehrenhütte als Etappenziel mag manchem nicht als Bergsteigerunterkunft vorkommen, aber sie ist allemal einen Besuch wert.

GESAMTGEHZEIT: 15 bis 18 Stunden
Mittagbahn-Bergstation - Hochgrat 6 bis 8 Stunden, plus 15 Minuten bis zum Staufner Haus
Staufner Haus – Grasgehren 5 Stnden
Grasgehren – Gunzesried – Mittagbahn-Bergstation 6 Stunden

AUSGANGSPUNKT: Mittagberg 1451 m

HÖCHSTER PUNKT: Hochgrat 1834 m

TYP: Voralpen-Paradies

Blick von der Autalhütte zum Sipplingerkopf

Die Tour beginnt bequem mit der Mittag-Sesselbahn (Parkplatz Talstation) in zwei Sektionen zum Gipfel des Mittag. Schilder weisen den Weg zum Steineberg, wo eine rund 30 Meter lange Leiter in der dunklen Felswand unter dem Gipfel Aufmerksamkeit und Respekt erheischt. Dabei ist der Umweg über den Gipfel keineswegs erforderlich, aber als erste Rast und der Aussicht wegen lohnend. Der Normalweg führt abwärts in Richtung Stuiben mit einem knackigen Anstieg zum Gipfel. Auf dem Grat über die Nagelfluhkette führt der Weg schließlich zum Hochgrat, der mit der Bergstation der Hochgratbahn schon von weitem ins Auge sticht. Ein paar Minuten unterhalb der Bergstation liegt das Staufner Haus, das erste Etappenziel.

Der nächste Morgen beginnt mit dem kurzen Aufstieg zur Bahnstation. Dann geht es hinab zur Scheidwanger Alpe im Gunzesrieder Tal. Im weiteren Verlauf des Weges wechseln flache Abschnitte durch Auen und mäßig steile Auf- und Abstiege. Über den Heidenkopf verläuft der Weg zum Sipplingerkopf mit seinen markanten Nadeln, dann weiter über den Grat über den Dreifahnenkopf bis zum Riedbergerhorn.
Unten im Kessel sieht man die Grasgehrenlifte und die Grasgehrenhütte mit

Gipfelblick vom Mittag

Leiter zum Gipfel des Steinebergs

Die markanten Sipplinger Nadeln

dem großen Parkplatz, das Etappenziel. Am nächsten Tag wartet zunächst der Aufstieg zum Großen Ochsenkopf. Ist die Höhe einmal erreicht, wird die weitere Tour überaus genussvoll. In kleinen Auf- und Abstiegen geht es über Kammverläufe zu den Gipfeln von Rangiswanger und Ofterschwanger Horn zur Ortschaft Gunzesried. Eine letzte Pause ist hier durchaus angebracht, denn nach dem letzten Aufstieg von Gunzesried zum Bärenkopf ist das Ende der Tour schon fast erreicht. Auf fast gleicher Höhe geht es zurück zum Mittaggipfel. Man kann mit der Bergbahn zurück ins Tal fahren oder den Fußweg wählen, der ebenfalls an der Talstation mündet.
Die „Hörner Runde“ ist eine der wenigen Touren, deren Ausgangs- und Zielpunkt nicht nur mit dem Auto, sondern auch mit dem Zug erreichbar ist. Die Talstation der Seilbahn liegt wenige Gehminuten vom Immenstädter Bahnhof entfernt.

Der Grasgehrenkessel

STAUFNER HAUS (1613 m)

▶ Hütte
Berghütte der DAV-Sektion Oberstaufen/Lindenberg. Wirtin Ingrid Bietsch kann 70 Lager und zehn Betten anbieten. Die Hütte liegt unterhalb der Hochgratbahn-Bergstation. Sie ist vom 1. Mai bis 1. November täglich geöffnet sowie ab 24. Dezember jeweils Freitag bis Sonntag. Telefon +49/8386/8255.

▶ Wege
Ab Parkplatz Hochgratbahn rund zwei Stunden, ab Bergstation zur Hütte 15 Minuten. Bis Alpe Scheidwang rund eine Stunde. Vom Hochgrat bis zur Mittagbahn zwischen sechs und acht Stunden.

GRASGEHRENHÜTTE (1447 m)

▶ Hütte
Privathütte in der Nähe des Riedbergpasses zwischen Fischen und Balderschwang im Oberallgäu. Die Hütte ist mit dem Fahrzeug erreichbar und hat 44 Betten sowie 24 Lager. Hüttenwirt Karl Traubel legt viel Wert auf eine gute Küche. Ganzjährig geöffnet.
Telefon +49/8326/7773.
Fax +49/8326/9549
Im Internet unter www.grasgehren.de

▶ Wege
Zum Riedberger Horn rund eine Stunde, Weiherkopf 2,5 Stunden. Von Grasgehren bis Gunzesried etwa drei Stunden.

11 Hörner-Runde

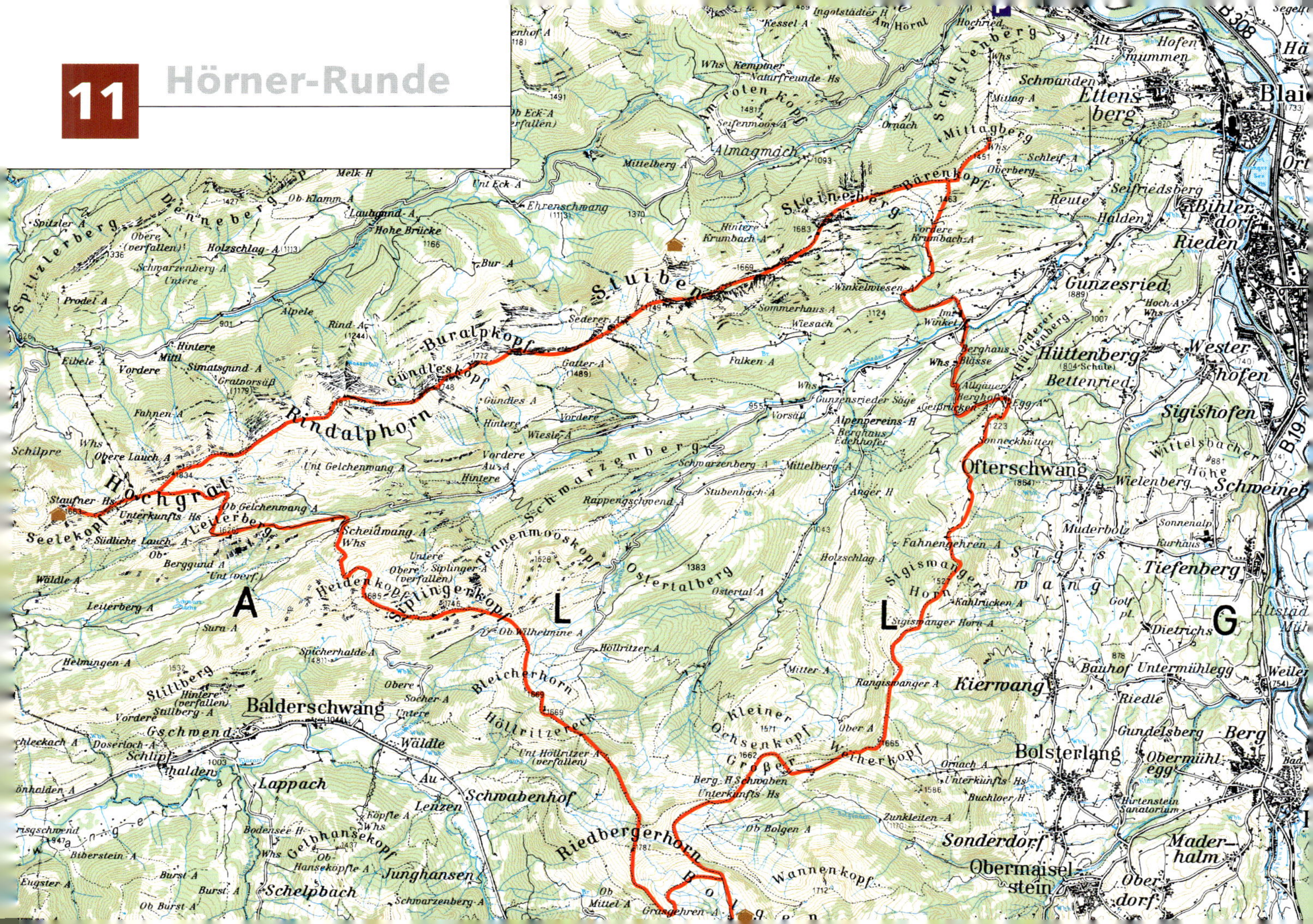

12 Kleinwalsertal

Riezlern – Schwarzwasserhütte – Baad – Widderstein – Mittelberg

Die Tour über den Ifen führt in einen Teil des Kleinwalsertals, der relativ wenig begangen wird. Das Gottesackerplateau ist als Karstgebiet zudem überaus interessant. Der Bereich um Grünhorn und Güntlespitze eröffnet Blicke in den Bregenzerwald, wie er den Allgäu-Durchquerern ansonsten verborgen bleibt. Die dritte Tagesetappe rund um den Widderstein ist hingegen keineswegs ruhig und einsam, aber dennoch ein Glanzstück der Allgäuer Alpen.

GESAMTGEHZEIT: 17 Stunden
Mahdtalhaus – Schwarzwasserhütte 6,5 Stunden
Schwarzwasserhütte – Baad 5,5 Stunden
Baad – Widderstein – Bödmen 6 Stunden

AUSGANGSPUNKT: Mahdtalhaus 1100 m

HÖCHSTER PUNKT: Widderstein 2533 m

TYP: Für Naturfreaks der absolute Gipfel

Blick auf den Ifen, dessen Felswand als ein geologisches Schaufenster gilt

Die Tour beginnt bei Riezlern im Ortsteil Schwende. Wer bereits eine weite Anreise hinter sich hat, kann im Mahdtalhaus der DAV-Sektion Stuttgart übernachten und am nächsten Morgen früh aufbrechen. Der Weg führt am „Höllloch", einer bekannten Höhle, vorbei zum Windecksattel und im weiteren Aufstieg über Felssteige durch die oberen Gottesackerwände. Dieses aus Schrattenkalk bestehende Karstgebiet ist geologisch und ökologisch höchst interessant. Nach dem Ifen-Plateau (schwierige Orientierung bei Nebel) ein kurzer Aufstieg zum Sattel und dann hinauf zum Hohen Ifen mit seiner markante Flanke. Steil bergab geht es über die Ifesgundalpe zur Schwarzwasserhütte, dem ersten Etappenziel.
Am nächsten Tag über die Ochsenhofer Scharte zum Grünhorn und über gras- und felsdurchsetzte Grate zur Güntlespitze. Die einfache Variante führt Richtung Walmendingerhorn über die Liechelalpe nach Baad, die schwierige Strecke verläuft zwischen Starzljoch und Derrajoch nach Baad zum Starzelhaus, dem nächsten Nachtquartier.
Am dritten Tag wird der Widderstein umrundet. Der Weg führt von Baad an der Bärgunthütte vorbei bis zum Sattel mit dem tollen Ausblick auf den Hochtannbergpass und den Arlberg. Ein Abstecher zum Gipfel bietet sich an. Der Rückweg ins Kleinwalsertal führt durch das Gemsteltal nach Bödmen und mit dem Bus zurück nach Riezlern.

SCHWARZWASSERHÜTTE (1620 m)

▶ Hütte
Die Hütte gehört der DAV-Sektion Schwaben. Wirt Peter Zwischenbrugger bietet eine umfangreiche Speisekarte, 43 Lager und 47 Betten an. Die Hütte ist geöffnet von Pfingsten bis Mitte oder Ende Oktober, je nach Wetterlage. Quartierbestellung ist möglich über das Hüttentelefon +43/5517/30210, Fax 30230.

▶ Wege
Aufstieg ab Auenhütte an der Talstation der Bergbahn Ifen 2000 in rund zwei Stunden. Gehzeit ab der Bergstation der Walmendingerhornbahn rund 2,5 Stunden. Zu den Gipfeln Ifen 2,5 Stunden, Grünhorn 1,5 Stunden und Steinmandl 45 Minuten.

STARZELHAUS (1300 m)

▶ Hütte
Das von der Familie Ruffer bewirtschaftete Starzelhaus ist keine Berghütte, sondern ein komfortabler Gasthof, der zwar über eine Fahrstraße für Anlieger erreichbar ist, aber doch 100 Meter oberhalb der Ortschaft Baad ziemlich abgelegen und ruhig liegt. Das Haus verfügt über drei Gästezimmer und eine Ferienwohnung für zwei bis fünf Personen. Quartierbestellungen unter der Telefonnummer +43/5517/6702.
Internet: www.starzelhaus.de

▶ Wege
Abstieg nach Baad 5 Minuten.

12 Kleinwalsertal

13 Über den Schrofenpass

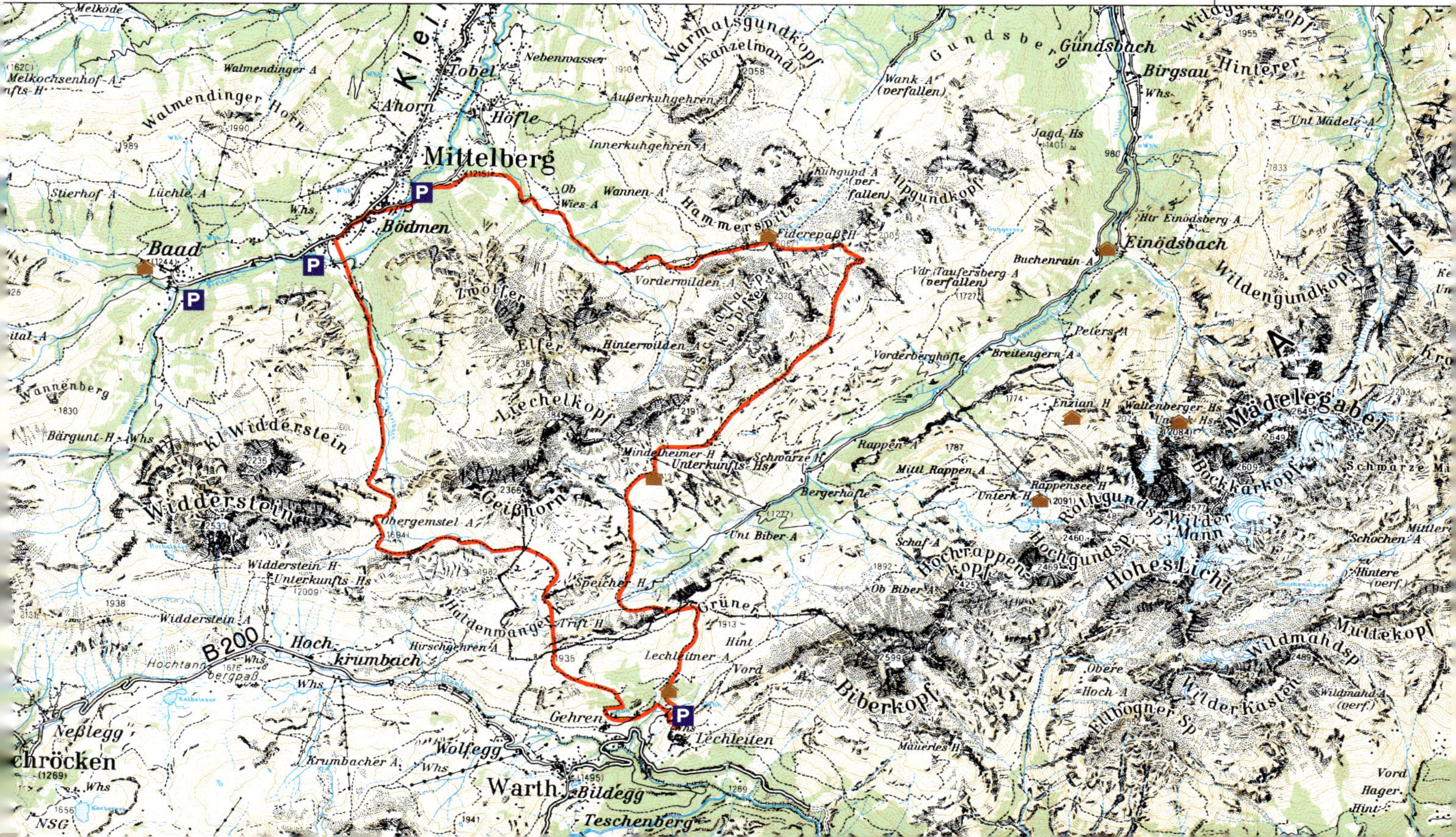

13 Über den Schrofenpass

Kleinwalsertal – Holzgauer Haus – Krumbacher Höhenweg – Fiderepass

Eine eigenwillige, aber höchst interessante Route haben die beratenden Bergführer des Verlags mit Ausgangspunkt vom Kleinwalsertal über Deutschlands südlichsten Punkt, das Haldenwanger Eck, bis ins Lechtal und zurück über die Mindelheimer und Fiderepaß-Hütte ins Kleinwalsertal ausgearbeitet. Besonders reizvoll ist der Abstieg nach Lechleiten und die Übernachtung im Holzgauer Haus mit seinen uralten Gaststuben. Der Rückweg verläuft über den Krumbacher Höhenweg. Er lässt sich als Variante auch über den Mindelheimer Klettersteig anspruchsvoller gestalten.

GESAMTGEHZEIT: 13 Stunden
Mittelberg-Bödmen – Holzgauer Haus 6 Std.
Holzgauer Haus – Schrofenpass -
Mindelheimer Hütte 3 Stunden
Mindelheimer Hütte – Krumbacher
Höhenweg – Fiderepaß-Hütte 3 Stunden
Abstieg ins Tal 2 Stunden

AUSGANGSPUNKT: Bödmen 1100 m

HÖCHSTER PUNKT: Geißhorn 2366 m

TYP: Im Wohnzimmer der Steinböcke

Steinböcke – einst ausgerottet – sind im Kleinwalsertal eingesetzt und wieder heimisch geworden. Man sieht sie oft im Bereich des Walser Geißhorns.

Die Tour beginnt im Kleinwalsertal, wo man im Bereich der Tennishalle in Bödmen das Auto abstellt und durch das Gemsteltal aufsteigt. Bei der Obergemstelalpe teilt sich der Weg. Richtung Westen gelangt man zur Sterzelhütte. Oberhalb der Hütte im Sattel zweigt ein Weg ab zum Gipfel des Geißhorns – eine lohnende Variante von 1,5 Stunden Gehzeit. Zurück zum Weg folgt man der Beschilderung an der Koblat-Hütte vorbei zum Haldenwanger Eck. Der Grenzstein der Landvermesser ist der südlichste Punkt der Bundesrepublik Deutschland.

Nach demAbstieg zur Trift-Hütte folgt ein kurzer Aufstieg, dann geht es hinab über die Tufisboden-Alpe ins Lechtal zum Holzgauer Haus oberhalb von Lechleiten, dem ersten Etappenziel auf dieser Tour.

Am nächsten Morgen sollte man sich nicht wundern, wenn man beim Aufstieg zum Schrofenpass bunten Gestalten mit einem Fahrrad auf der Schulter begegnet. Denn die Runde von Sonthofen über Oberstdorf hinauf ins Rappenalptal und über den Schrofenpass ins Lechtal, von dort über den Gaichtpass und das Tannheimer Tal zurück nach Sonthofen,

Hochplateau mit dem Widderstein im Hintergrund

Ein typisches Panorama bei den Hochtouren in den Allgäuer Alpen eröffnet sich auf dem Weg zwischen Fürschießersattel und Kreuzeck

ist eine sehr populäre Mountainbike-Route. Vom Schrofenpass, der bis zum 2. Weltkrieg noch mit Eselskarren befahren wurde, ehe er von flüchtenden SS-Angehörigen gesprengt wurde, führt der Weg hinab zum Speichereck und hinauf zur Mindelheimer Hütte.
Die Strecke vom Holzgauer Haus bis zur Mindelheimer Hütte nimmt rund drei Stunden Zeit in Anspruch. Man kann das Schutzhaus der DAV-Sektion Mindelheim als Quartier wählen und von hier aus am Nachmittag noch Gipfeltouren unternehmen oder nach einer gemütlichen Einkehr weiter gehen über den Krumbacher Höhenweg, der sich auf der Südseite unterhalb der Schafalpenköpfe hinzieht bis zur Fiderepaß-Hütte. Konditionsstarke Alpinisten wären auf dem Krumbacher Höhenweg vielleicht unterfordert. Sie wählen die anspruchsvolle Variante von der Hütte über den Mindelheimer Klettersteig zur Fiderepaß-Hütte (siehe auch Kapitel 7). Macht man auf der Mindelheimer Hütte nur eine Rast, dann ist das Schutzhaus der DAV-Sektion Oberstdorf am Fiderepass das nächste Ziel für ein Nachtquartier.
Ob Mittagsrast oder morgendlicher Aufbruch – vor dem Abstieg ins Kleinwalsertal böte sich noch ein Abstecher zum Gipfel des Schüsser an. Der Weg ist allerdings nicht einfach. An einigen Stellen muss man die Hände zu Hilfe nehmen und nach den Markierungen suchen.

Blick von der Widderstein-Hütte ins Arlberg-Gebiet

Namen verwechselt

Der Schüsser ist übrigens ein ganz besonderer Gipfel. Denn nur im österreichischen Sprachgebrauch heißt er so. Auf deutschen Landkarten ist der imposante Gipfel oberhalb der Fiderepaß-Hütte als Hammerspitze vermerkt. Um die Verwirrung komplett zu machen: In den deutschen Karten gibt es auch einen Schüsser. Nur heißt der in den österreichischen Werken eben Hammerspitze und liegt nur eine Stunde Gehzeit entfernt in Richtung Kanzelwandbahn.

Das wäre übrigens auch eine weitere Variante für den Rückweg ins Kleinwalsertal: Über Schüsser (Hammerspitze) und Hammerspitze (Schüsser) zur Kanzelwand und mit der Gondel nach Riezlern.

Der direkte Weg von der Fiderepaß-Hütte zurück ins Tal führt abwärts durchs Wildental nach Mittelberg-Schwende und schließlich nach Bödmen.

HOLZGAUER HAUS (1512 m)

▶ Hütte

Das Holzgauer Haus wird von Waltraud und Sigi Bechter bewirtschaftet. Es liegt oberhalb der Ortschaft Lechleiten und ist mit dem Auto erreichbar.
Das Haus mit Restaurantionsbetrieb und gemütlichen Gastzimmern verfügt über 20 Betten und zehn Lager. Es ist von Pfingsten bis Oktober geöffnet. Reservierungen unter Telefon +43/5583/3513. Infos im Internet unter www.bgw.at/holzgauerhaus

▶ Wege

Gehzeit zur Rappensee-Hütte 2,5 Stunden. Die gleiche Zeit benötigt man zur Mindelheimer Hütte und zum Biberkopf. Zum Schrofenpass beträgt die Gehzeit rund eine halbe Stunde.

MINDELHEIMER HÜTTE (2013 m)

▶ Hütte

Die alpine Bergsteigerunterkunft der Kat. I gehört der DAV-Sektion Mindelheim. Die Hüttenwirte Centa und Jochen Krupinski haben das Haus samt dem Winterlager in der benachbarten alten Hütte zu einem Schmuckstück in den Allgäuer Alpen ausgebaut. „Die Mindelheimer" gilt als Modellhütte für Photovoltaik mit Solar- und Biokläranlage. In der Nähe wurde ein Klettergarten angelegt. Öffnungszeit von Mitte Juni bis Mitte Oktober.

▶ Wege

Aufstieg vom Kleinwalsertal durchs Wildental rund 3 Stunden, durchs Gemsteltal 3,5 Stunden. Aufstiege von Oberstdorf ab Fellhornbahn 4 Stunden, ab Schwarze Hütte rund zwei Stunden.

FIDEREPASS-HÜTTE (2067 m)

▶ Hütte

Die alpine Unterkunft (Kat. I) der DAV-Sektion Oberstdorf wird von Dagmar und Hubert Kaufmann aus dem Kleinwalsertal bewirtschaftet. Die Hütte hat 120 Lager und zehn Betten. Sie ist geöffnet von Mitte Mai bis 15. Oktober. Quartierbestellung: Fiderepaß-Hütte, Walserstraße 87 in 87569 Mittelberg, Telefon +43/5517/57280, Fax 3157,
Funktelefon +43/664/3203676
E-Mail: info@fiderepasshuette.de und Internet www.fiderepasshuette.de

▶ Wege

Aufstieg ab Oberstdorf Fellhornbahn 3 Stunden, Kanzelwandbahn-Bergstation 2,5 Stunden, ab Kleinwalsertal-Wildental rund 2,5 Stunden. Gipfeltour zum Schüsser rund 45 Minuten.

14 Großer Daumen

Oberstdorf – Oytal – Nebelhorn – Schwarzenberg-Hütte – Käseralpe

Viele Wanderer mögen es nicht, einen Berg zu ersteigen und an einer Seilbahnstation anzukommen. Auf der ersten Etappe vom Oytal zum Edmund-Probst-Haus ist die Nebelhornbahn allerdings nie zu sehen. Die Strecke vom Hintersteiner Tal durch das Bärgündeletal zur Käseralpe zählt zu den ruhigsten Bereichen der Allgäuer Alpen.

GESAMTGEHZEIT: 16 Stunden
Oberstdorf – Oytal-Haus 1,5 Stunden
Oytal-Haus – Nebelhorn 3 Stunden
Edmund-Probst-Haus - Schwarzenberg-Hütte über Koblat 5,5 Stunden
Giebelhaus plus 30 Minuten
Giebelhaus – Käseralpe 5 Stunden
Käseralpe – Oytal-Haus 1 Stunde
Oytal-Haus – Oberstdorf 1 Stunde

AUSGANGSPUNKT: Oberstdorf 820 m

HÖCHSTER PUNKT: Himmeleck 2007 m

TYP: Hin und weg vom Himmeleck

Adlerblick auf den Seealpsee und die Seewände hinab zum Oytal

Ausgangspunkt der Tour „Großer Daumen“ ist Oberstdorf, aber eigentlich geht es erst im Oytal los. Bis dahin kann man sich den „Tal-Hatsch“ erleichtern, wenn man auf dem Fahrweg bis zum Oytal-Haus das Fahrrad benutzt oder eine Fahrkarte kauft für den Pferdestellwagen.

Vom Oytal aus führt der Gleitweg in der Nähe des Seealpsees vorbei zum Edmund-Probst-Haus, unmittelbar neben der Bergstation der Nebelhornbahn. Die Seewände zwischen See und Oytal sind berüchtigt, weil Spaziergänger vom Nebelhorn hier eine Abkürzung suchen und sich von den Totenkopf-Schildern vor den Steilwänden nicht abhalten lassen.

Vom Edmund-Probst-Haus führt die nächste Tagesetappe durch das Koblat zum Großen Daumen und über den Engeratsgundsee hinab zur Schwarzenberg-Hütte, dem nächsten Nachtquartier.

Der nächste Morgen beginnt mit einem Abstieg auf einer Fahrstraße zum Giebelhaus. Breit ausgebaut ist zunächst auch der Weg hinauf ins Bärgündeletal, ehe der Weg schmäler wird hinauf zum Himmeleck, dem höchsten Punkt der Tour. Von nun an geht's bergab über das Wildenfeld zur Käseralpe im Oytal. Nach einer Brotzeitpause wird der Weg wieder breiter hinab zum Oytal-Haus, wo am Nachmittag Pferdestellwagen auf Gäste warten für die Fahrt nach Oberstdorf.

EDMUND-PROBST-HAUS (1930 m)

▶ Hütte
Die Hütte der Kategorie II gehört der DAV-Sektion Allgäu-Immenstadt und liegt unmittelbar neben der Bergstation der Nebelhornbahn. Wirt Georg Säckl kann 75 Lager und 40 Betten anbieten. Die Hütte ist von Pfingsten bis Mitte Oktober und von Weihnachten bis zum Weißen Sonntag geöffnet. Quartierbestellung unter Telefon +49/8322/4795 oder schriftlich an Edmund-Probst-Haus, Nebelhorn 1 in 87561 Oberstdorf.

▶ Wege
Von der Bergstation der Nebelhornbahn geht man höchstens zwei Minuten bis zur Hütte.

SCHWARZENBERG-HÜTTE (1385 m)

▶ Hütte
Die Hütte der DAV-Sektion Illertissen ist wegen ihres bequemen Anstiegs und dem Spielplatz vor dem Haus vom Deutschen Alpenverein als einzige „kinderfreundliche Hütte“ in den Allgäuer Alpen ausgezeichnet worden. Seit dem Umbau verfügt sie über 54 Übernachtungsplätze in sieben Zimmern mit vier bis zehn Schlafplätzen sowie über eine umweltfreundliche Energieanlage. Wirt Albert Hanscheck hat vom 25. Dezember bis Ende Oktober geöffnet. Er ist erreichbar unter Hütten-Funktelefon +49/173/3927766.

▶ Wege
Aufstieg ab Hinterstein 3 Stunden, ab Giebelhaus 1 Stunde, zur Nebelhornbahn gut 4 Stunden.

14 Großer Daumen

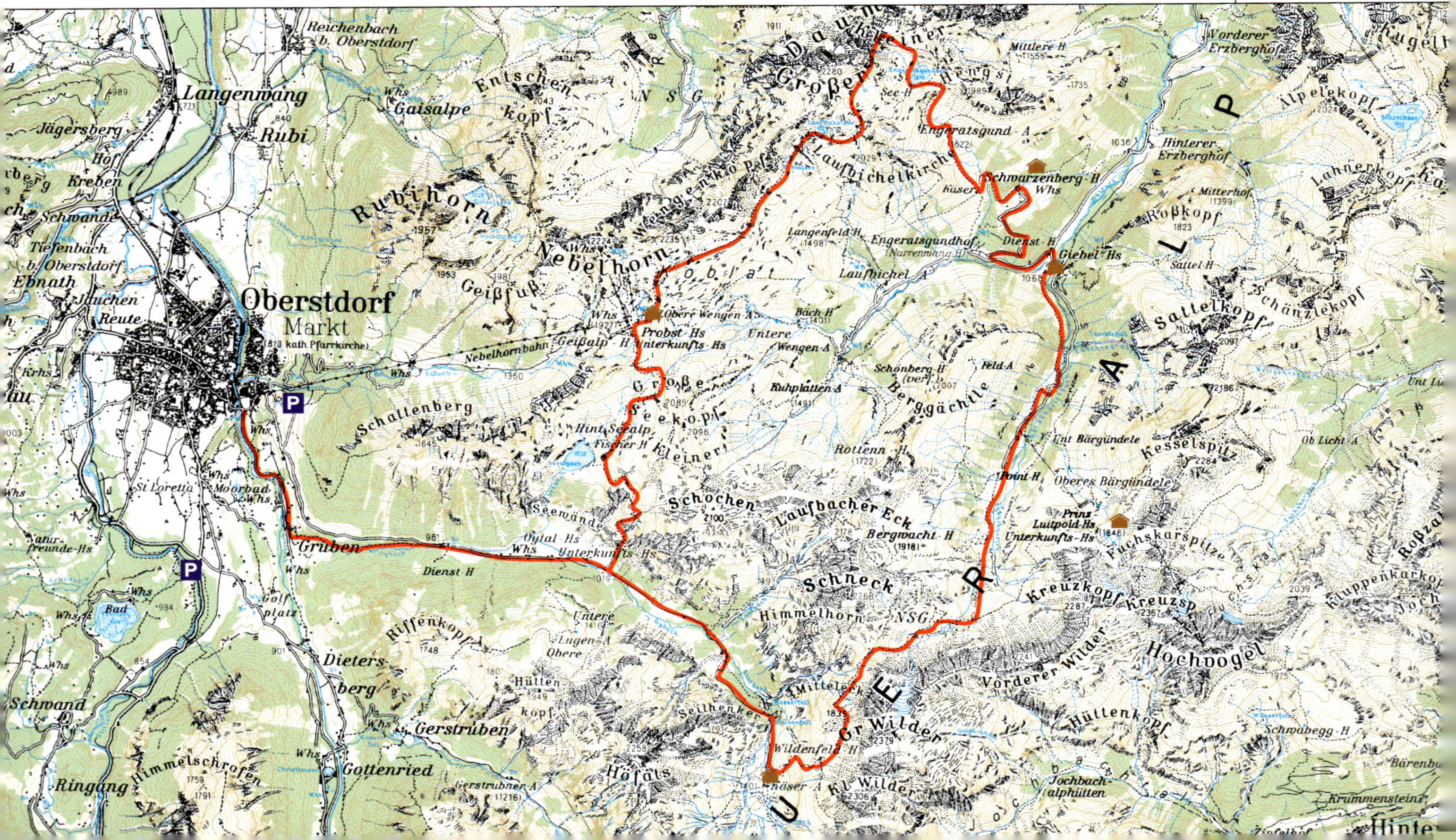

15 Jubiläumsweg

15 Jubiläumsweg

Hindelang – Prinz-Luitpold-Haus – Landsberger Hütte – Hinterstein

Der Jubiläumsweg zählt zu den wenig begangenen Routen in den Allgäuer Alpen. Dabei handelt es sich um einen höchst angenehmen Höhenweg ohne große Schwierigkeiten. Unterwegs laden Bergseen zu einem kühlen Bad ein. Vom Parkplatz in Hinterstein führt die Route auch dorthin zurück.

Auf dem Jubiläumsweg ist das „Schänzle" noch gut zu erkennen. Hier errichteten Lechtaler Bauern einst einen Wall, um Vieh aus dem Allgäu von ihren Weiden fern zu halten.

GESAMTGEHZEIT: 16 Stunden
Hinterstein – Giebelhaus 2 Stunden
Giebelhaus – Prinz-Luitpold-Haus 2 bis 3 Stunden
Prinz-Luitpold-Haus – Landsberger Hütte 6 Stunden
Landsberger Hütte – Willersalpe 4 Stunden
Abstieg nach Hinterstein 1 Stunde

AUSGANGSPUNKT: Hinterstein 860 m

HÖCHSTER PUNKT: Bockkarscharte 2200 m

TYP: Ruhige Höhenwanderung

Der Aufstieg vom Hintersteiner Tal zum Prinz-Luitpold-Haus ist sozusagen der Anlauf für den Jubiläumsweg, der eigentlich erst an dem Schutzhaus der DAV-Sektion Allgäu-Immenstadt beginnt. Der erste Abschnitt ist gleich ein knackiger Aufstieg zur Bockkarscharte, dem mit 2200 Meter höchsten Punkt der ganzen Tour. Danach geht es eher gemütlich. Leicht bergab, dann auf gleicher Höhe bleibend geht es weiter zur Lahner Scharte. Unterwegs erregt ein Steinwall die Neugierde. Er war einst ein Bollwerk von Lechtaler Bauern gegen Kollegen aus dem Allgäu, die ihr Vieh zwar auf Lechtaler Weiden treiben, dafür aber nichts zahlen wollten. Schänzlekopf und Schänzlespitze haben daher den Namen (siehe *Allgäuer Gipfelbuch*, SL-Verlag).
Auf gleicher Höhe geht es unterhalb des Kastenkopfs vorbei, dann nordwestseitig leicht auf und ab unter der Steinkarspitze vorbei zur Landsberger Hütte, dem Etappenziel. Am nächsten Morgen muss man den gleichen Weg vom Vorabend ein Stück zurückgehen. Dann steigt man leicht bergauf zum Kirchdachsattel geht. Von hier aus eröffnen sich mehrere Varianten. Die attraktivste ist wohl der Abstieg zum Schrecksee, verbunden mit einem Sprung ins kalte Wasser. Von hier aus führt auch ein Abstieg nach Hinterstein. Weil es aber noch früh am Tag ist, geht man über das Kugelhorn und das Rauhhorn zur Willersalpe und erst von dort hinab ins Tal.

PRINZ-LUITPOLD-HAUS (1846 m)

▶ Hütte

Die Schutzhütte der DAV-Sektion Allgäu-Immenstadt verfügt über 200 Lager und 20 Betten. Judith und Andi Berktold aus Bad Hindelang bewirtschaften die Hütte, deren Name an den einstigen Jagdherrn und Grundbesitzer erinnert, von Ende Mai bis zum zweiten Oktoberwochenende.
Quartierbestellung unter:
Fax +49 / 721 / 151305728
E-Mail post@prinz-luitpoldhaus.de
Internet www.prinz-luitpold-haus.de

▶ Wege

Aufstieg ab Giebelhaus 2 bis 3 Stunden, zum Hochvogel 2 bis 3 Stunden, zum Gipfel des Widemerkopfs in 1 bis 2 Stunden und Schneck in 3 bis 4 Stunden.

LANDSBERGER HÜTTE (1805 m)

▶ Hütte

Die DAV-Hütte (Kat. I) gehört der Sektions Landsberg/Lech und wird von Friedl Bruno aus dem Lechtal bewirtschaftet. Aus seiner Küche kommen Tiroler Gerichte. Zum Schlafen gibt es 170 Lager und 30 Betten. Das Haus ist von Pfingsten bis Mitte Oktober geöffnet. Quartierbestellung Telefon und Fax unter +43/5675/6282, E-Mail friedl.bruno@netway.at und Internet www.tannheimertal.at/landsberg

▶ Wege

Aufstieg ab Vilsalpsee im Tannheimer Tal rund 1,5 Stunden, zur Lachenspitze gut 1 Stunde. Gehzeit für den Jubiläumsweg zum Prinz-Luitpold-Haus je nach Kondition rund 5 Stunden.

16 Durch die Tannheimer

Grän – Große Schlicke – Köllenspitze – Rote Flüh – Füssener Jöchle

Die Tannheimer sind eigentlich ein Refugium für Kletterer. Jeder Ausblick von einem Aussichtspunkt aus zeigt aber deutlich, dass das gesamte Berggebiet von einer Vielzahl von Wegen durchzogen wird, die auch ohne Schwierigkeiten rund um Gimpel und Köllenspitze führen. Für geübte Alpinisten sind bei der hier beschriebenen Tour allerdings auch Varianten vermerkt, die anspruchsvolle Abschnitte und zum Teil Kletterstellen aufweisen.

GESAMTGEHZEIT: 16 Stunden
Füssener Jöchle (Bergbahn-Station) –
Otto-Mayr-Hütte 5 bis 6 Stunden
Aufstieg zur Nesselwängler Scharte 2,5 Std.
Abstecher zur Köllenspitze 2 Stunden
Abstieg zum Gimpelhaus oder zur
Tannheimer Hütte 1 Stunde
Hütte bis Füssener Jöchle 4 Stunden
Fußweg ins Tal nach Grän 1 Stunde

AUSGANGSPUNKT: Füssener Jöchle 1818 m

HÖCHSTER PUNKT: Köllenspitze 2238 m

TYP: 1000 Möglichkeiten easy bis heavy

Blick auf das Füssener Jöchle und die Tannheimer Berge

Das geht ja gut los. Von Grän im Tannheimer Tal erspart die Füssener-Jöchle-Bahn (großer Parkplatz vorhanden) den ersten Anstieg. Das nächste Ziel liegt direkt vor Augen. Leicht hinauf und kurz bergab geht es zum Fuß der Großen Schlicke, deren Gipfel sich in zwei Stunden erreichen lässt. Nur der obere Teil der Route ist felsig. Auf der Südseite führt der Weg in knapp einer Stunde hinab zur Otto-Mayr-Hütte, dem Etappenziel an diesem Tag. Das 1899 erbaute Holzhaus der DAV-Sektion Augsburg ist urgemütlich. Unweit entfernt liegt auch die Füssener Hütte, die im Privatbesitz der Stadt Füssen ist und über 56 Schlafplätze verfügt.

Wegweiser beim Füssener Jöchle mit Blick auf die Große Schlicke

Der nächste Tag beginnt mit einem kurzen Abstieg talwärts. Dann geht es gut zwei Stunden hinauf zur Nesselwängler Scharte. Der obere Teil des Anstiegs ist steiles Felsgelände.

Von der Nesselwängler Scharte aus gibt es die Möglichkeit zu einer anspruchsvollen Gipfeltour. Die Köllenspitze, die zwei Stunden Zeit in Anspruch nimmt, ist allerdings nur geübten Bergsteigern zu empfehlen. Ein kurzes Stück besteht nämlich aus leichter Kletterei, wobei allerdings ein Fixseil Hilfestellung gibt. Vom Gipfel geht es auf der gleichen Route wieder hinab. Von der Nesselwängler Scharte steigt man ab zum Gimpelhaus oder zur Tannheimer Hütte, die nur wenige Gehminuten voneinander entfernt liegen – das Gimpelhaus eher mit Gasthof-Charakter, die Tannheimer Hütte einfach und urtümlich.

Die nächste Tagesetappe beginnt mit einem Aufstieg zur Roten Flüh. Der Steig ist mit Fixseilen gesichert, erfordert aber keine großen Kletterkünste.

Von der Roten Flüh, die mit der Köllenspitze und dem Gimpel zum Tannheimer Dreigestirn der Kletterberge zählt, steigt man hinab zur Gelben Scharte.

Hier eröffnen sich auf unserer Route zwei Varianten.

Die weitaus schwierigere ist der Friedberger Klettersteig, der vergleichsweise anspruchsvoller ist als der Heilbronner Weg und vom Charakter dem Mindelheimer Klettersteig ähnelt. Der Friedberger Klettersteig führt auf den Schartschrofen. Von dort gibt es wieder einen „Normalweg" zum Füssener Jöchle.
Die zweite, einfachere Variante führt unter dem Klettersteig vorbei. Nach einem leichten Abstieg steigt man auf zum Haller Gehrenjoch. Von dort ist es nicht mehr weit zum Füssener Jöchle. Für die Rückkehr zum Auto kann man die Bequemlichkeit der Bergbahn nutzen oder puristisch auf dem Wanderweg bleiben.

Die Köllenspitze, fotografiert von Franz Hieble

KLEINE GIPFELKUNDE: WIE DER ALTE METZENARSCH VORNEHM WURDE

Die Köllenspitze in den Tannheimer Bergen ist in Bergsteigerkreisen eine erste Adresse, egal ob sie nun so oder – wie mancherorts üblich – Kellespitze genannt wird. Der 2247 Meter hohe Gipfel ist die dominante Gestalt in den Tannheimern. Ob nun Köllenspitze oder Kellespitze, das ist ohnehin nicht der richtige Name, sondern ein Pseudonym. Denn unter der althergebrachten Bezeichnung wäre der Felsbrocken wohl nie in die Gipfel-Prominenz der Allgäuer Alpen und ihrer Ausläufer aufgenommen worden.

Bis vor rund 150 Jahren nämlich hieß sie schlicht Metzenarsch. Eine „Matz" oder „Metz" ist im Allgäuer Dialekt ein weiblicher Hund oder – wenn man es wie hier als Schimpfwort gebraucht – eine käufliche Dame. Mit diesem Kraftausdruck beschimpften die Bauern den Berg, wenn er aus seinem gewaltigen Nordkessel wieder mal Geröllawinen ins Raintal sandte. Wenn auf den Alpweiden nach einem Erdrutsch in mühsamer Arbeit die Steine aufgesammelt wurden, dürfte so mancher deftige Fluch fällig gewesen sein.

Salonfähig wurde der Metzenarsch ungefähr um das Jahr 1850. Damals nämlich kam Königin Marie von Bayern nach Hohenschwangau. Die Mutter von „Märchenkönig" Ludwig II. war eine begeisterte Bergsteigerin. Als sie sich das Panorama erklären ließ, geriet ihr Bergführer in eine peinliche Lage. Die ordinäre Wahrheit konnte er seiner blaublütigen Begleiterin unmöglich sagen.
In seiner Not besann sich der Mann eines Flurnamens in der Nähe. „In der Kelle" hieß die große, von hohen Graten eingerahmte Wanne zu Füßen des Berges. So wurde ein neuer, wohlanständiger Name ersonnen, den man schließlich auch den nächsten Touristen ohne Scham nennen konnte. Nach einiger Zeit wusste kaum noch jemand, dass es in der Vergangenheit der Tannheimer Köllenspitze einen dunklen Fleck gab.

Männerhosen unter dem Rock

Königin Marie erklomm übrigens fast alle Gipfel im Füssener Raum. Unter dem störenden, aber vorgeschriebenen Rock trug sie Männerhosen, auf dem Kopf einen modischen Hut und in der Hand einen Bergstock. Schon bald nach jenem Vorfall stand sie oben auf der Köllenspitze. Verbürgt sind darüber hinaus Touren auf Rote Flüh, Gehrenspitze, Aggenstein, Schlicke und Thanneller. Ihre beiden Söhne, die Prinzen, schleppte sie mit auf den Säuling. „Unter anderem sieht man München und die Ortlerspitze", begeisterte sich Ludwig danach in einem Brief an seinen Großvater. Bei Zeitgenossen kam die Königin mit ihrer alpinen Leidenschaft nicht sonderlich gut weg. „Sie hat kein Interesse an Literatur und Poesie. Ihr ist nur nach der freien Luft des Gebirges, das sie unermüdlich nach allen Richtungen zu durchstreifen liebt", tadelte der Münchner Dichter Paul von Heyse.

Unanständige Sippschaft

In der Namensgebung waren Allgäuer noch nie zimperlich. So ist der Metzenarsch alias Köllen- oder Kellespitze nicht der einzige heimische Gipfel, dem man respektlos ein Schimpfwort anhängte. Gleich in der Nachbarschaft gibt es noch den Hundsarsch. Fast auf Schritt und Tritt begegnet man Mitgliedern der unanständigen Sippschaft, deren Abstammung auf den ersten Blick gar nicht klar wird: zum Beispiel der Schüsser im Kleinwalsertal, der Fürschießer bei Oberstdorf und der Bschießer über Hindelang. Sie alle müssen mit ihrem Namen dafür büßen, dass sie Geröll und Dreck ins Tal „scheißen" oder „schüssen".

(Kleiner *Auszug aus dem „Allgäuer Gipfelbuch", ebenfalls erschienen im SL-Verlag* ISBN 3-9806935-3-8)

Für die fachliche Beratung bedankt sich der sl-Verlag bei:

OTTO-MAYR-HÜTTE (1528 m)

▶ Hütte
Die Hütte der DAV-Sektion Augsburg verfügt über 26 Betten und 60 Lager. Wirt Walter Kerle serviert Bodenständiges aus Tirol. Die Holzhütte stammt aus dem Jahre 1899 und ist innen urgemütlich. Öffnungszeit von Mai bis Ende. Oktober. Quartierbestellung unter Telefon +43 /5677/84 57.

▶ Wege
Aufstieg ab Musau 2 Stunden, ab Vils 3,5 Stunden, ab Breitenbergbahn Pfronten gut 3 Stunden, ab Füssener Jöchle (Sesselbahn-Bergstation) 1 Stunde, ab Nesselwängle 4 Stunden. Gipfeltouren: Große Schlicke 1 Stunde, Schartschrofen 1,5 Stunden und Gimpel in rund 2 Stunden.

GIMPELHAUS (1659 m)

▶ Hütte
Das Berggasthaus gehört nicht dem Alpenverein, sondern der Familie Guem, die das Haus an einer der aussichtsreichsten Lagen im Tannheimer Tal errichtet hat. Das Gimpelhaus mit 180 Lagern und 60 Betten verfügt über eine eigene Gepäck-Materialbahn und einen Schulungsraum für Kletterkurse. Es ist vom 1. Mai bis 1. November geöffnet und telefonisch erreichbar unter der Nummer +43/5675/8251.

▶ Wege
Aufstieg ab Nesselwängle auf rund 700 Stufen aus Knüppelholz in knapp 1,5 Stunden. Gipfeltouren zur Roten Flüh in 1,5 Stunden und zum Gimpel in rund 2 Stunden.

TANNHEIMER HÜTTE (1713 m)

▶ Hütte
Die Hütte der DAV-Sektion Allgäu-Kempten ist mit dem Umweltsiegel des Alpenvereins ausgezeichnet. Wirtin Maria Nöß aus Nesselwängle backt in ihrem Holzherd Kuchen. Die Hütte hat 21 Lagerplätze und ist von Mitte Mai bis Mitte Oktober geöffnet. Quartierbestellung unter Telefon +43/676/3423239.

▶ Wege
Aufstieg ab Nesselwängle (Tannheimer Tal) rund 1,5 Stunden. Gipfeltouren siehe Gimpelhaus, das nur 15 Minuten Gehzeit von der Tannheimer Hütte entfernt liegt.

16

Durch die Tannheimer

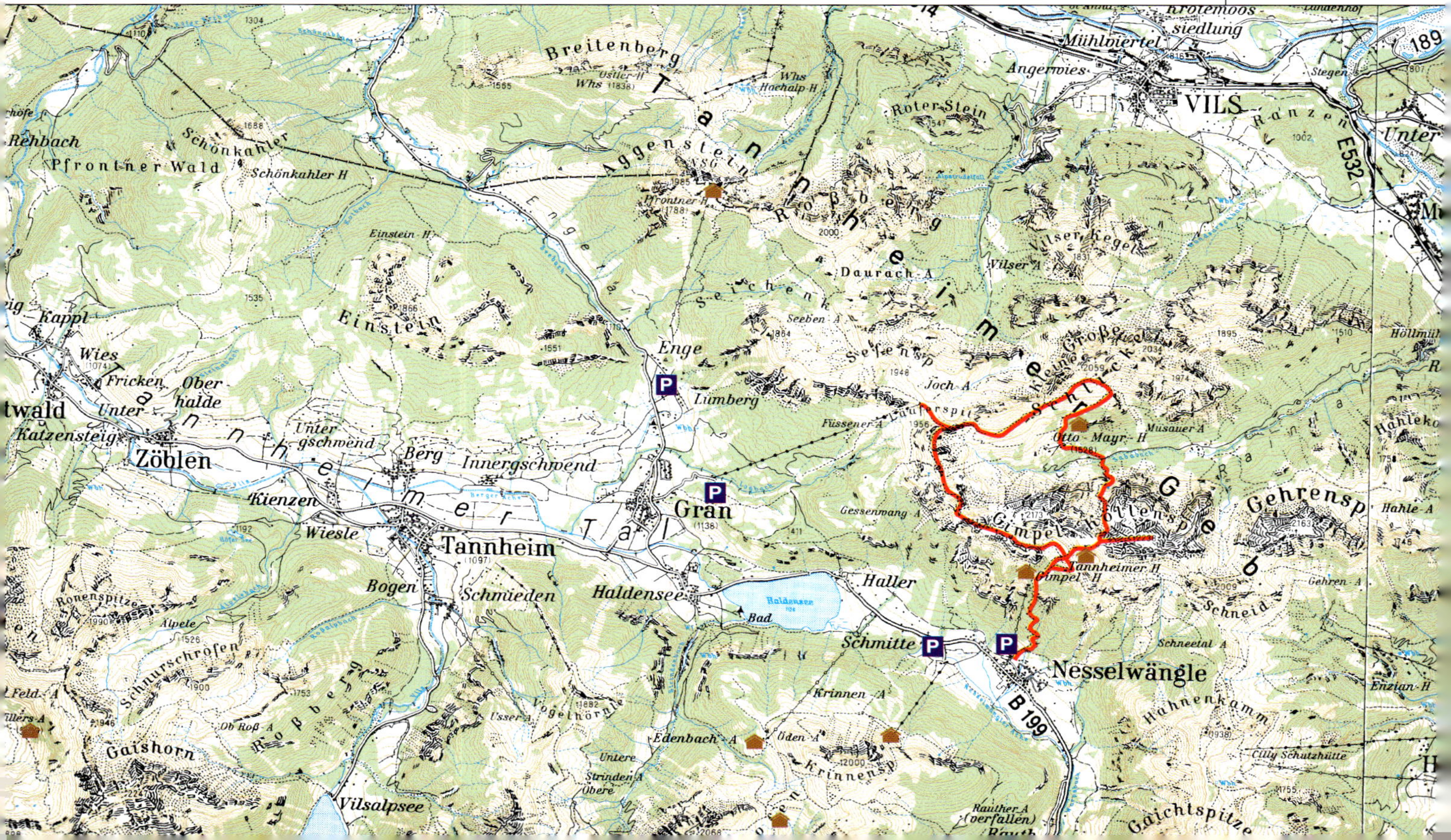

17 Rund um die Wetterspitze

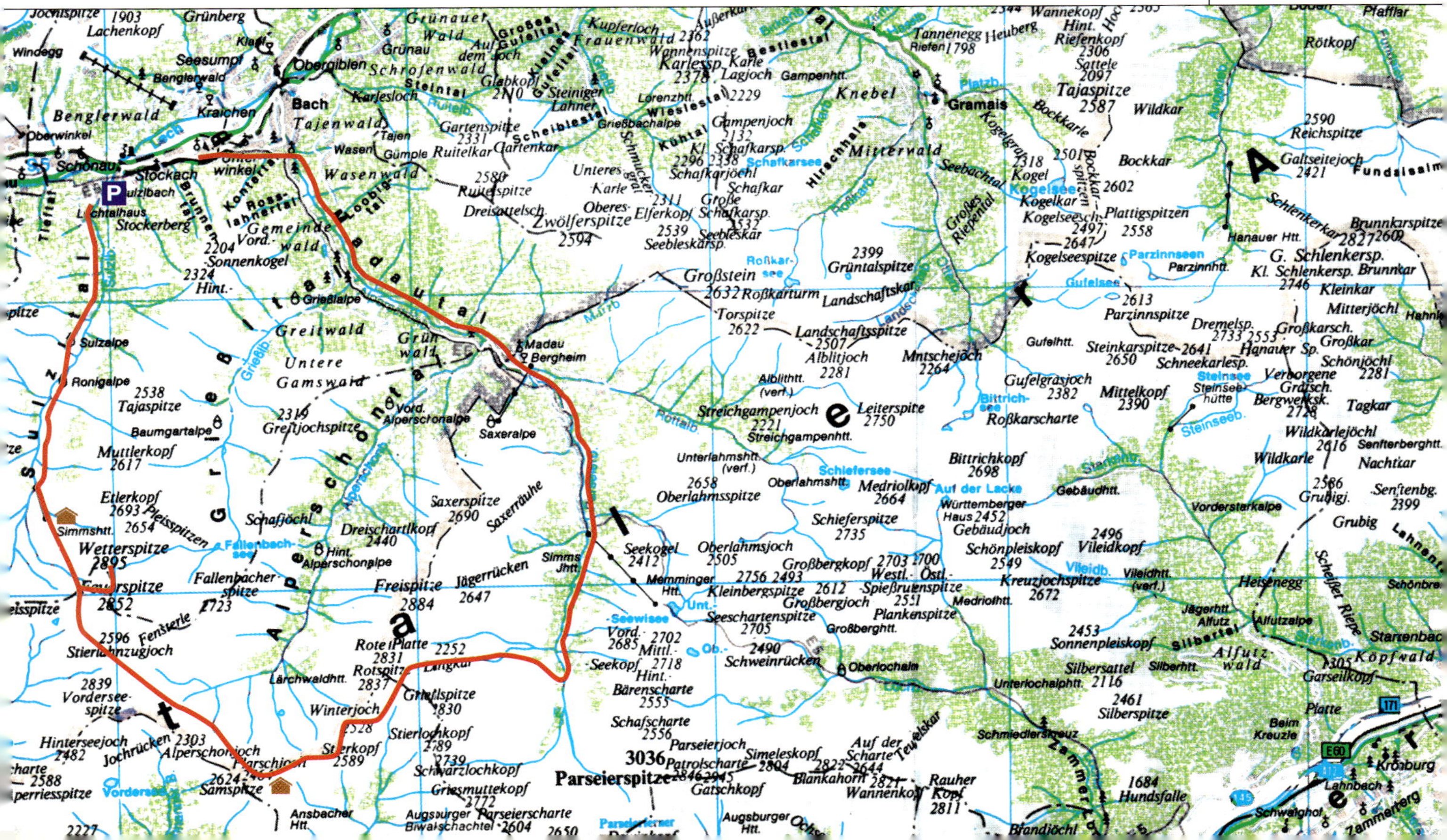

17 Rund um die Wetterspitze

Stockach (Lechtal) – Simms-Hütte – Ansbacher Hütte – Alperschontal

Die Lechtaler Alpen zeichnen sich durch eine außergewöhnliche geologische Vielfalt aus. Ihr verdanken sie das abwechslungsreiche und vielfach schroffe Erscheinunsbild. Weil das „Innere“ der Berggruppe frei von jeder technischen Erschließung geblieben ist, prägen sich die Lechtaler Alpen dem Besucher als ein wildes und unberührtes Gebirge ein. Die Abgeschiedenheit hat ihren Grund: Aus den Ballungsgebieten in Süddeutschland ist die Anreise ins Lechtal um rund eine Autostunde länger. Dafür bieten die Lechtaler ein Bergerlebnis pur und ohne Rummel.

GESAMTGEHZEIT: 13 Stunden
Oberstockach – Simms-Hütte 3 Stunden
Simms-Hütte – Ansbacher Hütte 7 Stunden
Ansbacher Hütte – Madau 3 Stunden
nach Bach 2 Stunden plus 30 Minuten
nach Stockach

AUSGANGSPUNKT: Oberstockach 1100 m

HÖCHSTER PUNKT: Wetterspitze 2895 m

TYP: Alpiner Hochgenuss

Simms-Hütte mit dem Gipfel der Wetterspitze

Zwischen Stockach und Holzgau beginnt der Aufstieg durch das Sulztal zur Frederic-Simms-Hütte. Der gut dreistündige Aufstieg füllt zwar den Tag nicht aus, aber nach der langen Anreise ist die Simms-Hütte dennoch ein geeignetes Etappenziel. Wer früh genug auf der Hütte ist, kann am Nachmittag die mit leichter Kletterei verbundene Gipfeltour zur Wetterspitze vorweg nehmen, die ansonsten als Abstecher erst am nächsten Tag auf dem Programm steht. Die zweite Tagesetappe führt hinauf zum Stierlahnzugjoch. Von hier aus wäre eine Gipfelvariante zur Feuerspitze möglich, wenn man die Wetterspitze schon am Vortag bestiegen hat. Die Route führt vom Joch unterhalb des Alperschonjochs vorbei zum Flarschjoch und weiter hinab zur Ansbacher Hütte, dem nächsten Etappenziel.

Der dritte Tag beginnt mit dem Aufstieg von der Hütte zurück zum Flarschjoch. Eine Variante führt weiter aufwärts über die Kopfscharte, das Winterjöchel zur Grießlscharte auf 2632 Meter Höhe. Diese Scharte ist ein sehr anspruchsvoller Abschnitt, der Trittsicherheit und Konzentration erfordert. Durch das Langkar geht man abwärts ins Parseiertal und durch das Madautal nach Bach.

Die zweite, einfachere Variante führt vom Flarschjoch ein Stück zurück und dann rechts abbiegend über die Knappen Böden durch das Alperschontal ins Madautal nach Bach und Stockach.

FREDERIC-SIMMS-HÜTTE (2004 m)

▶ Hütte

Die ehemalige Jagdhütte des Londoner Industriellen Frederic Simms hoch über Stockach im Lechtal wurde von der ÖAV-Sektion Holzgau, später von der Sektion Stuttgart ausgebaut und inzwischen von der Sektion Rottenbuch übernommen. Wirt Markus Karlinger aus dem Allgäu verfügt über 46 Lager und sechs Betten. An der Hütte beginnt ein geologischer Lehrpfad. Sie ist von Ende Juni bis Ende September geöffnet und erreichbar unter Tel. +43/664/4840093.

▶ Wege

Aufstieg ab Stockach 3 Stunden, zur Ansbacher Hütte 4 Stunden, zum Kaiserjochhaus 5 Stunden. Gipfel: Feuerspitze 3 Stunden, Wetterspitze 2 Stunden.

ANSBACHER HÜTTE (2376 m)

▶ Hütte

Die Hütte der DAV-Sektion Ansbach ist eine Unterkunft der Kategorie I. Sie wird von Barbara und Erwin Nöbl bewirtschaftet und verfügt über 88 Lager. Die Hütte ist Ausgangs- oder Endpunkt des hochalpinen Augsburger Höhenwegs. Sie ist von Anfang Juli bis Ende September geöffnet. Anmeldung für Gruppen Tel. +43/664/1431009 oder /3128160.
E-Mail ansbacherhuette@tirol.com

▶ Wege

Aufstieg ab Bach (Lechtal) oder Madau 3 bis 4 Stunden, durch Alperschontal von Schnann oder Fliersch (Stanzertal) 3 Stunden. Gehzeit zur Memminger Hütte 5 Stunden, Simms-Hütte 4 Stunden. Gipfel: Feuerspitze 3 Stunden, Freispitze 4 bis 5 Stunden.

18 Über das Kaiserjoch

Steeg (Lechtal) – Leutkircher Hütte – Stuttgarter Hütte – Krabachtal

Die Rundtour zwischen Lechtal und Arlberg setzt die weiteste Anreise bis ins hintere Lechtal voraus. Aus dem äußersten Südwesten Deutschlands empfiehlt sich die Anreise durch den Bregenzerwald über den Flexenpass und Warth ins Lechtal. Auf dem hochalpinen Kamm zwischen Lechtal und Inntal ist die geologische Vielfalt und der Ausblick auf viele bekannte Berggruppen besonders reizvoll. Die Alpenflora ist in diesem Teil der Lechtaler so üppig wie selten.

GESAMTGEHZEIT: 19 Stunden
Steeg - Kaiserjochhaus 5 Stunden
Kaiserjochhaus – Leutkircher Hütte 2 Stunden
Leutkircher Hütte – Stuttgarter Hütte 5 Stunden
Leutkircher Hütte – Stanskogel-Gipfel 2 Stunden
Abstieg von der Stuttgarter Hütte durch das Krabachtal nach Steeg in 4 Stunden

AUSGANGSPUNKT: Steeg 1124 m

HÖCHSTER PUNKT: Stanskogel 2757 m

TYP: Die Krönung der Lechtaler

Leutkircher Hütte mit Blick in die Tiroler Alpen

Ausgangspunkt der Tour durch das Herz der Lechtaler Alpen ist Steeg. Dort gibt es genügend Parkplätze. Vom Hotel Post fährt der Wanderbus um 8.10 Uhr und dann stündlich bis 11.10 Uhr nach Kaisers. Hier beginnt der Wanderweg hinauf entlang des Kaiserbachs zum Kaiserjochhaus, dem ersten Etappenziel. Nach dreistündigem Aufstieg hat man am Nachmittag Zeit zu einer Gipfeltour auf den Grieskopf oder eine Genusswanderung zum Hintersee. Beide „Ausflüge" dauern jeweils eine Stunde.

Stanskogel „mitnehmen"

Am nächsten Tag steht ein relativ einfacher, zweistündiger Weg zur Leutkircher Hütte bevor. Wer unterwegs noch den Gipfel des Stanskogel „mitnehmen" will, muss eine Stunde zusätzlich einrechnen. Weiter geht es über das Almajurjoch und vorbei an der Erlach Alpe zur Stuttgarter Hütte, dem nächsten Quartier für die Nacht. Von hier aus gibt es wiederum Varianten, zum Beispiel die über den Rüfikopf mit Abstieg nach Lech und mit dem Bus zurück ins Lechtal.

Zeit für eine weitere Gipfeltour

Unsere Route führt von der Stuttgarter Hütte ins Krabachtal. Der Weg durch dieses breite Tal zurück nach Steeg dauert rund vier Stunden. Es bliebe also auch noch Zeit, von der Stuttgarter Hütte aus den Gipfel der Wösterspitze zu besteigen und erst am Nachmittag durch das Krabachtal abzusteigen.
Wo der Wanderweg aus dem Tal auf die Hauptstraße durch das Lechtal trifft, befindet sich eine Haltestelle des Postbusses, der hier von 9.05 Uhr bis 19.05 Uhr stündlich abfährt hinab nach Steeg, wo man zwei Tage zuvor das Auto abgestellt hat.

KAISERJOCHHAUS (2310 m)

▶ Hütte
Das Kaiserjochhaus über Kaisers im Lechtal und Pettneu im Stanzertal gehört der DAV-Sektion Leutkirch (Allgäu). Die Wirtsleute Roswitha und Seppl Wolf (seit 1979) servieren Tiroler Hausmannskost und halten 70 Schlafplätze bereit. Die Hütte ist von Ende Juni bis zum dritten Samstag im September geöffnet. Quartierbestellung telefonisch unter der Nummer +43/664/4353666.

▶ Wege
Aufstieg ab Kaisers 3 Stunden, über Leutkircher Hütte 5 Stunden, von Pettneu am Arlberg 3 Stunden. Auf dem Lechtaler Höhenweg westwärts zur Leutkircher Hütte 2 Stunden, ostwärts zur Ansbacher Hütte 4 Stunden.

In den Hochlagen der Lechtaler Alpen wie hier im Bereich der Memminger Hütte kann im Frühsommer noch Schnee liegen

LEUTKIRCHER HÜTTE (2251 m)

▶ Hütte

Die Leutkircher Hütte der DAV-Sektion Leutkirch ist eine alpine Unterkunft der Kategorie I auf dem Gebiet der Gemeinde Pettneu. Wirtin Renate Holzknecht verfügt über 50 Lager. Die Hütte ist geöffnet von Ende Juni bis Ende September. Eine Quartierbestellung ist möglich unter Telefon +43/664/9857849.

▶ Wege

Aufstieg ab St. Anton am Arlberg 3 Stunden, Pettneu 3,5 Stunden, Kaisers im Lechtal 4 Stunden, Bergstation Kapall-Bergbahn 1,5 Stunden. Gipfeltouren: Stanskogel 1,5 Stunden, Hirschpleiskopf 45 Minuten. Der Einstieg zum Arlberger Klettersteig ist in rund 1,5 Stunden erreichbar.

▶ Hütte

Die Bergsteigerunterkunft der Kategorie I gehört zur DAV-Sektion Schwaben und wird seit über 40 Jahren von der Familie Beiser bewirtschaftet. Heidi und Florian Beiser können 20 Betten und 50 Lager anbieten sowie zehn Lager in einem Selbstversorgerraum. Die Hütte ist geöffnet von Ende Juni bis Ende September. Telefonische Quartierbestellung unter +43 / 55 83 / 34 12.

▶ Wege

Aufstieg ab Zürs 2 Stunden, von Steeg-Kaisers durch das Almajurtal 6 bis 7 Stunden, von Steeg durch das Krabachtal rund 5 Stunden. Übergang zur Leutkircher Hütte 4 Stunden, auf dem Boschweg zur Ulmer Hütte 3,5 Stunden.

18 Über das Kaiserjoch

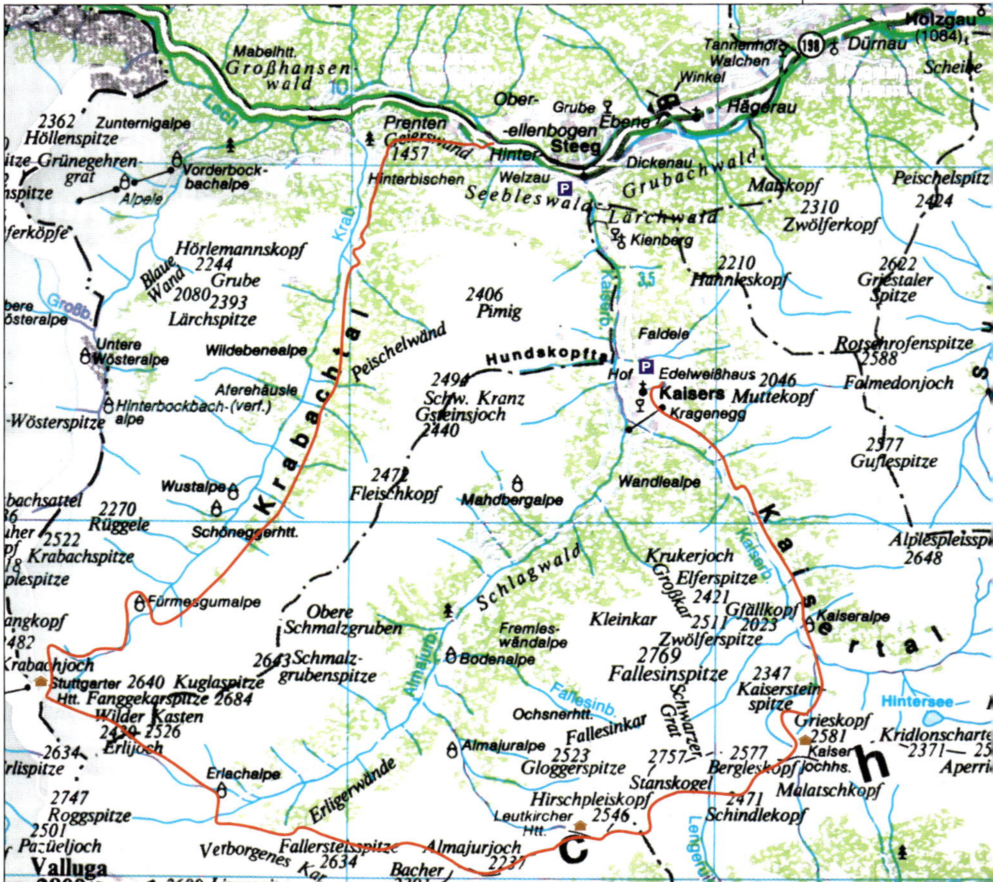

19 Lechtaler Höhenweg

Sieben bis neun Tage auf dem Hauptkamm der Lechtaler Alpen

Die Lechtaler Alpen umfassen eine Fläche von rund 1000 Quadratkilometern. Der Hauptkamm erstreckt sich auf rund 50 Kilometer Länge in vorwiegend südwestlich-nordöstlicher Richtung. Der höchste Gipfel ist mit 3036 Metern die Parseierspitze, der einzige Dreitausender in den nördlichen Kalkalpen.

Das „Herz“ der Lechtaler Alpen ist zwar technisch nicht erschlossen, aber die Infrastruktur für Bergsteiger ist vorbildlich. In Tagesetappen von drei bis fünf Stunden Gehzeit sind Schutzhäuser des Deutschen oder Österreichischen Alpenvereins zu erreichen. Die Wege sind gut ausgebaut und klar beschildert.

Der Lechtaler Höhenweg ist auf seiner gesamten Länge keine einfache Bergwanderung. An vielen Stellen wird Trittsicherheit und einige Übung an leichten Kletterstellen vorausgesetzt.

Aus dem reichhaltigen Angebot empfehlen wir, je nach Leistungsvermögen selbst die entsprechenden Tagesetappen zusammenzustellen. Einzelheiten sollten der speziellen Führerliteratur über die Lechtaler Alpen entnommen werden. Sinnvoll ist auf jeden Fall, im Westen zu beginnen. Man lässt sein Auto in Elmen stehen, fährt mit dem Bus oder dem Taxi Richtung Hahntennjoch bis Boden und erreicht von dort in 2 Stunden die Hanauer Hütte. Von fast allen Hütten, die wie Perlen aufgereiht am Wegrand liegen, führt ein Abstieg ins Lechtal. Dort nimmt man den Bus oder ruft ein Sammeltaxi der Firma Feuerstein, die sich auf müde Bergwanderer spezialisiert hat (Funktelefon +43/676/9309901).

Seescharte oberhalb der Memminger Hütte

ANHALTER HÜTTE (2042 m)

▶ Hütte

Das Schutzhaus gehört der DAV-Sektion Oberer Neckar. Es wird bewirtschaftet von Carmen Kathrein aus Wenns, die die Tiroler Küche mit Wildgerichten pflegt. Zur Übernachtung sind 14 Zimmerlager und 75 Lager vorhanden. Die Hütte ist von Mitte Juni bis Ende September geöffnet. Quartierbestellung unter Telefon +43/664/4618993.

▶ Wege

Aufstieg von Namlos über das Brennhüttental oder Faselfeiltal rund 3 Stunden, von Bschlabs durch das Plötzigtal 2,5 Stunden oder vom Hahntennjoch (Gratisparkplatz) über Steinjöchl 1,5 Stunden. Gipfel: Namloser Wetterspitze in knapp 3 Stunden (leicht).

HANAUER HÜTTE (1920 m)

▶ Hütte

Schutzhütte der DAV-Sektion Hanau, bewirtschaftet von Petra und Werner Kirschner. Das gerade ausgebaute Haus verfügt über 130 Schlafplätze und warme Duschen. Öffnungszeit von Mitte Juni bis Anfang Oktober. Hütten-Funktelefon +43/664/2669149.

▶ Wege

Der einfachste Aufstieg beginnt in Boden, ein kleiner Weiler bei Bschlabs an der Straße vom Lechtal zum Hahntennjoch und dauert knapp 2 Stunden. Übergang zum Württemberger Haus in 6 Stunden und zur Memminger Hütte in 8 Stunden. Die Hanauer Hütte ist Ausgangspunkt für mehrere Gipfeltouren in den Lechtaler Alpen.

STEINSEE-HÜTTE (2061 m)

▶ Hütte

Die Steinsee-Hütte gehört zur ÖAV-Sektion Landeck und wird von der Familie Karl Juen bewirtschaftet. Öffnungszeiten von Mitte Juni bis Ende September. In der Hütte sind 20 Zimmerlager und 80 einfache Lager vorhanden. Quartierbestellungen telefonisch unter der Hüttennummer +43/664/4036451.

▶ Wege

Aufstieg Alfuz (über Zams im Inntal) knapp 2,5 Stunden, von Boden im Lechtal in gut 1,5 Stunden bis zur Hanauer Hütte und nochmals 2,5 Stunden bis zur Steinsee-Hütte. Gipfeltour: Dremelspitze in rund 2,5 Stunden. Kletterrouten in unmittelbarer Nähe der Hütte in allen Schwierigkeitsgraden.

WÜRTTEMBERGER HAUS (2220 m)

▶ Hütte

Das Württemberger Haus gehört der DAV-Sektion Stuttgart. Die Schutzhütte der Kategorie I ist vom 1. Juli bis 21. September geöffnet und verfügt über acht Betten sowie 51 Matratzenlager. Telefonisch erreichbar ist die Hütte unter + 43/664/2827372.

▶ Wege

Aufstieg ab Madau im Lechtal und Zams im Inntal jeweils rund 5 Stunden. Die Übergänge zu den Nachbarhütten: Steinsee-Hütte 4 Stunden, Augsburger Hütte 7,5 Stunden, Hanauer Hütte 5,5 Stunden und Memminger Hütte 4,5 Stunden.

MEMMINGER HÜTTE (2242 m)

▶ Hütte

Die Hütte der DAV-Sektion Memmingen liegt auf dem Gebiet der Inntal-Gemeinde Zams und ist eine alpine Bergsteiger-Unterkunft der Kategorie I. Sie wird von Manuel und Christof Walch bewirtschaftet, deren Familie sich schon seit Jahrzehnten um die Hütte kümmert. Öffnungszeit von Ende Juni bis Ende September. Als Etappenziel des Fernwanderweges Oberstdorf-Meran sind die 140 Lager und zwölf Betten manchmal nicht ausreichend. Quartierbestellung unter Fax +43/5634/0036,
E-Mail: memminger.huette@aon.at

▶ Wege

Aufstieg ab Materialseilbahn im Madauer/Parseiertal 1,5 bis 2 Stunden.

AUGSBURGER HÜTTE (2300 m)

▶ Hütte

Das Schutzhaus der DAV-Sektion Augsburg liegt auf der Inntaler Seite der Lechtaler Alpen und wird von Robert Schimpfössl bewirtschaftet. Zur Übernachtung sind 12 Zimmerlager und 52 Matratzenlager vorhanden. Die Hütte ist geöffnet von Anfang Juli bis Ende September. Reservierungen unter der Telefonnummer +43/5442/63604.

▶ Wege

Aufstieg ab Grins im Inntal (Parkplatz am Schwimmbad) in 3 Stunden. Augsburger Höhenweg (schwierig) zur Ansbacher Hütte in 8 Stunden, zur Memminger Hütte in 5 Stunden. Gipfeltour zur Parseierspitze (einziger 3000-er in den nördlichen Kalkalpen) in knapp 3 Stunden.

19 Lechtaler Höhenweg

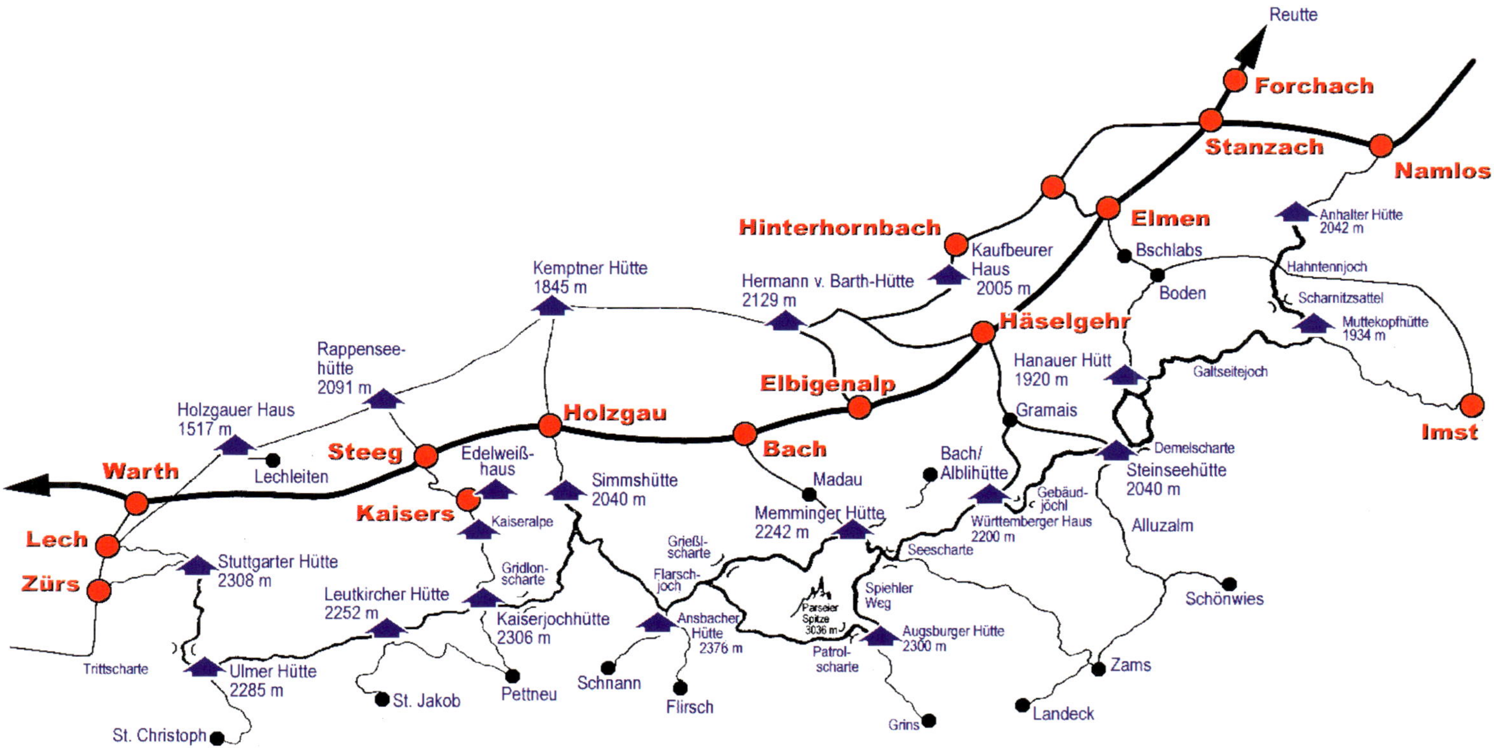

Mehrtägige Bergtouren

Ausrüstung

Bei der Ausrüstung von Wanderern und Bergsteigern hat sich in den vergangenen Jahren sehr zur Freude der Bergwacht Qualität und Vernunft durchgesetzt. Die Turnschuh-Touristen sind nahezu ausgestorben. Um sich während einer mehrtägigen Tour rundum wohl zu fühlen und nichts Wesentliches zu entbehren, sollte man beim Packen des Rucksacks auch auf andere wichtige Details achten.

Bei der Bekleidung gilt der Grundsatz: Mehrere dünne Schichten sind besser als eine dicke. Am besten rollt man die Bekleidung auf und verstaut sie in Plastikbeuteln vor Regen geschützt im Rucksack. Der Rucksack selbst sollte nicht schwerer als acht bis zehn Kilogramm sein. Je leichter der Rucksack, umso größer ist die Freude während der Tour. Ein Fachmann im Sportgeschäft gibt gern den guten Rat, dass der Rucksack nicht an den Schultern hängen, sondern an der Hüfte aufsitzen sollte. Die Schultergurte verleihen nur die Stabilität.

Bei der Verpflegung unbedingt daran denken, dass unterwegs niemand verhungern muss, aber jede Portion zusätzliches Gewicht bedeutet. Das gilt auch für Getränkedosen. Besser sind nachfüllbare Trinkflaschen mit Elektrolytgetränken in Tablettenform. Die nachfolgende Liste enthält den Mindestbedarf. Aber viel mehr sollte es auch nicht sein.

Ausrüstung für mehrtägige Bergtouren

Tagsüber

Rucksack
Dem Rücken gut anliegend, etwa 35 bis 45 Liter fassend, mit gepolsterten Hüfttrageriemen; zudem eine Regenhülle

Bergschuhe
Knöchelhohe, feste Bergschuhe mit guter Profilgummisohle

Strümpfe
Am besten Funktionssocken mit gepolstertem Fußteil

Unterwäsche
Funktionswäsche aus Kunstfaser, die den Schweiß weiterleitet, oder aus Schurwolle

Berghose
Lange Trekkinghose mit genügend Bewegungsfreiheit, aus leichtem Stretch- oder Funktionsmaterial

Pullover
aus Fleecematerial (oder Jacke/Weste, eventuell mit Windstopper)

Regenschutz
Anorak und Hose aus Gore Tex bzw. ähnlichem Material oder einen Regenponcho (eventuell auch leichten Bergsteiger-Schirm mitnehmen, weil man darunter weniger schwitzt)

Mütze und Handschuhe
Falls es einmal kalt wird

Trinkflasche
Aus Kunststoff oder Alu (mit Isolierbeutel oder Thermosflasche)

Sonnenbrille
Mindestens 98% UV-Strahlen-Absorbierung

Sonnencreme
Ab Schutzfaktor 10 und Lippenschutz

Sonnenhut oder Schildmütze

Verpflegung
Für zwischendurch Dörrobst, Müsliriegel, Fruchtschnitten oder Schokolade

Getränke
Teebeutel, Getränkepulver, bewährt haben sich Elektrolytgetränke in Tablettenform

Personalausweis
Bei der Tour überquert man zwei Staatsgrenzen

Für die Hütte

Leichte Bekleidung
Leichte Hose und Oberteil, Hüttenschuhe oder leichte Turnschuhe

Hüttenschlafsack
Aus leichtem Leinen oder Seide

Oropax
Für evtl. zu laute Mitschläfer

Waschzeug
Proben verwenden

Taschenlampe
Möglichst klein und leicht

Klaus Schlösser

Alpenüberquerung Oberstdorf-Meran

Sechs Tage auf der Panoramaroute der Bergführer. Ein Wanderführer mit anschaulicher Beschreibung der Tagesetappen und Vorschlägen für Varianten. Ausführlicher Infoteil.

Neuerscheinung 2001
ISBN 3-9806935-7-0 Euro 7,50

Schlösser/Vogler

Service-Mann

Das praktische Handbuch für den Ski-Service. Standardwerk über Präparierung & Tuning in Hobbykeller und Profiwerkstatt.

ISBN 3-9806307-0-6
Euro 19,50

Klaus Schlösser

Hüttenführer

Allgäuer Alpen

Portraits der Schutzhäuser im Allgäu, im Kleinwalsertal und im Tannheimer Tal (Tirol). Infos und Karten. Tipps: Ausrüstung, Sicherheit und Bergsteigen mit Kindern.

ISBN 3-9806935-0-3
Euro 7,90

Klaus Schlösser

Hüttenwirte erzählen

Geschichten und lustige Anekdoten von den Berghütten im Allgäu und im Tannheimer Tal.

Neuauflage 1999
ISBN 3-9806935-2-X
Euro 13,50

Klaus Schlösser

Loipenführer Allgäu/Tirol

Die schönsten Loipen in 34 Ferienorten zwischen Bodensee und Zugspitze. Karten, Skizzen und Infoteile. Wachsfibel mit Serviceanleitung.

Neuerscheinung 2002
ISBN 3-9806935-8-9 Euro 9,90

Schlösser/Noichl

Allgäuer Gipfelbuch

Gipfel der Allgäuer Alpen im Kaleidoskop. Bergnamen aus Sicht von Flurforschung und Legenden. Alpine Historie.

Neuauflage 2000
ISBN 3-9806935-3-8
Euro 9,50

SL-Verlag Sulzberg/Allgäu

Klaus Schlösser
Höfatsweg 4 A, 87477 Sulzberg

Verlagsbüro Kempten
Bahnhofstraße 46 A, 87435 Kempten
Telefon 0831/5127374, Fax 5127375

Bestellung auch im Internet unter:
www.sl-verlag.de